大众科普系列丛书

校园生活
知识手册

王建威 ◎ 主 编

贵州科技出版社

图书在版编目（CIP）数据

校园生活知识手册 / 王建威主编. -- 贵阳 : 贵州科技出版社, 2022.4（2025.4重印）

（大众科普系列丛书）

ISBN 978-7-5532-1029-2

Ⅰ.①校… Ⅱ.①王… Ⅲ.①学校管理-安全管理-手册 Ⅳ.①G474-62

中国版本图书馆CIP数据核字(2021)第256235号

大众科普系列丛书：校园生活知识手册

DAZHONG KEPU XILIE CONGSHU：XIAOYUAN SHENGHUO ZHISHI SHOUCE

出版发行	贵州科技出版社
地　　址	贵阳市中天会展城会展东路A座（邮政编码：550081）
出 版 人	朱文迅
经　　销	全国各地新华书店
印　　刷	三河市兴国印务有限公司
版　　次	2022年4月第1版
印　　次	2025年4月第3次
字　　数	96千字
印　　张	4
开　　本	889mm×1194mm 1/32
书　　号	ISBN 978-7-5532-1029-2
定　　价	35.00元

《大众科普系列丛书：校园生活知识手册》

编 委 会

主　编：王建威

编　委：（按姓氏笔画为序）

王云驰　王建威　仇笑文　邓　婕
田仁碧　冯　倩　刘士勋　孙　玉
苏晓廷　李　惠　李建军　吴　晋
宋　伟　张　波　陈　璐　陈一菘
赵卓君　赵梅红　徐帮学　蒋红涛
裴　华　翟文慧

前言
FOREWORD

现代社会，各种意外伤害及自然灾害时有发生，不断影响和威胁着人们的正常生活。一些人因自我保护意识不强、防范能力较差，往往成为各种直接或间接伤害的受害者。惨痛的悲剧让我们深刻意识到：对大众进行系统的安全知识教育是十分有必要的。要让大众树立自护、自救观念，形成自护、自救意识，培养自护、自救能力，在遇到各种异常事故和危险时能够果断、正确地进行自护和自救。

为了更好地帮助人们有效应对各种不安全因素，向人们普及有关急救自救、交通出行、消防火灾、居家生活、野外出行、健康饮食、自然灾害、网络信息、校园生活等方面的安全知识，学习出现安全事故时的应急、自救方法等，我们经过精心策划，组织相关专业人员编写了这套丛书。

本丛书向人们提供了系统的安全避险、防灾减灾知识，并精选了近些年发生的安全事故及自然灾害事例，内容翔实，趣味性、实用性、可操作性强，可帮助人们在危险及灾害来临时从容自救和互救。本丛书旨在告诉人们，只要充分认识各种危险，了解各种灾害的特点、形成原因及主要危害，学习一些危险及灾害应急预防措施，就能够在危险及灾害来临时从容应对，成功逃生和避险。另外，本丛书可以帮助大家提升科学素养，弘扬科学精神,营造讲科学、爱科学、学科学的良好氛围,切实提高科学知识普及率,使科学知识真正惠及千家万户。

我们衷心希望这套丛书成为保障大家安全的实用指南,为大家拥有平安快乐的生活、美好幸福的未来保驾护航!

由于丛书编写时间仓促,加上编者水平有限,书中难免存在疏漏及不当之处,欢迎读者朋友提出宝贵意见。

编委会
2021年12月

目录
CONTENTS

第一章　认识校园安全 / 1

▶ 一、什么是校园安全 …………………………………… 1
▶ 二、校园安全有什么特点 ……………………………… 3
▶ 三、校园安全管理的基本任务有哪些 ………………… 8
▶ 四、校园安全管理有哪些措施 ………………………… 14
▶ 五、学校门卫有哪些安全职责 ………………………… 19
▶ 六、学校医务室如何建设 ……………………………… 22
▶ 七、校园安全事件包括哪些内容 ……………………… 23
▶ 八、如何创建平安校园 ………………………………… 27

第二章　校园安全之日常生活 / 30

▶ 一、校园日常生活包括哪几个方面 …………………… 30
▶ 二、常见的课间意外事故有哪些 ……………………… 34
▶ 三、如何保证课间活动的安全 ………………………… 35

▶ 四、参加集体活动时应注意哪些安全问题 ········ 37
▶ 五、如何防范踩踏事故 ······················· 39
▶ 六、实验课上应注意哪些安全问题 ············· 42
▶ 七、校园里发生食物中毒怎么办 ··············· 45
▶ 八、学校发生火灾的原因有哪些 ··············· 48
▶ 九、校园防火和救火常识有哪些 ··············· 50
▶ 十、学校发生火灾时如何逃生 ················· 53
▶ 十一、学校常见的用电隐患有哪些 ············· 56
▶ 十二、如何预防校园交通事故 ················· 58

第三章　校园安全之体育活动 / 61

▶ 一、体育课的安全措施有哪些 ················· 61
▶ 二、发生体育运动事故的原因有哪些 ··········· 64
▶ 三、安全运动应注意什么 ····················· 67
▶ 四、运动时如何科学着装 ····················· 70
▶ 五、各种体育项目训练时应注意什么 ··········· 72
▶ 六、运动会上学生应做好哪几点 ··············· 74

第四章　校园安全之学生心理健康 / 76

▶ 一、学生有哪些常见的心理问题 ··············· 76
▶ 二、如何提高学生的心理素质 ················· 78
▶ 三、如何正确认识自己 ······················· 79
▶ 四、如何正确与人交往 ······················· 81
▶ 五、如何做一名让老师喜欢的学生 ············· 83

- 六、怎样解决师生冲突 ……………………… 85
- 七、怎样处理同学之间的矛盾 ……………… 88
- 八、如何培养自信心 ………………………… 91
- 九、如何将你心里的自卑"赶走" …………… 92
- 十、如何正确面对挫折 ……………………… 93

第五章 校园安全之自然灾害 / 97

- 一、自然灾害会带来哪些伤害 ……………… 97
- 二、在学校如何应对高温天气 ……………… 98
- 三、在学校遇到地震怎么办 ………………… 100
- 四、在学校如何应对台风灾害 ……………… 103

第六章 校园安全之被害预防 / 106

- 一、什么是被害预防 ………………………… 106
- 二、被害预防的形式是什么 ………………… 108
- 三、针对学生的犯罪类型有哪些 …………… 110
- 四、校园犯罪有什么特点 …………………… 111
- 五、女生如何预防性骚扰 …………………… 112
- 六、什么是校园暴力 ………………………… 115
- 七、发生校园暴力事件怎么办 ……………… 116

第一章 认识校园安全

一、什么是校园安全

校园安全已成为一个亟待解决的问题。

所谓安全，顾名思义，"无危则安，无缺则全"，即安全意味着没有危险且尽善尽美。随着对安全问题研究的逐步深入，人类对安全的概念有了更深的认识，并从不同的角度给它下了各种定义。

美丽的校园

（1）安全是指客观事物的危险程度能够为人们普遍接受的状态。

安全是相对的，不是绝对的，安全与危险之间是辩证的关系。当系统的危险性降低到某种程度时，该系统即安全的，而这种程度是为人们所普遍接受的状态。

（2）安全所存在的态势是能否造成人身死亡、伤害或财产、设备的损坏、损失或环境危害的条件。

人们对安全的认识是从关注人身伤害开始的；后来，到关注财产或设备的损坏、损失。校园安全包括学校师生的人身、财产及学校的教学设施、设备的安全。引发安全事故的原因是多种多样的，包括自然原因、人为原因等；事故类型也有多种，包括治安事故、自然灾害等。

校园一角

（3）不安全状态可能导致人、机、媒介相互作用，进而引起系统损失、人员伤害、财物损失，以及任务受影响或时间损失。

当我们将安全的概念扩展到任务受影响或时间损失时，对中小学、幼儿园而言，学校的教学活动、教学任务能否顺利进行和按时完成便也属于安全的一部分。

综上所述，随着人们认识的不断深入，安全的概念已不是传统的死亡或伤害，它涉及人类生产、生活的各个领域。根据以上对安全的简单论述，可以得出校园安全的概念：校园安全是学校日常活动的一项重要内容，它通过安全管理、危机管理（应急管理）等手段，控制安全事故、消除安全隐患，以保证师生人身和财产安全，保障教学活动顺利进行、教学任务按时完成，进而保证整个学校达到最佳安全水平。

二、校园安全有什么特点

1. 校园管理相对严格

中小学、幼儿园校园规模远没有高等院校那么大，校内附设的商业、服务等公共场所较少，加之中小学、幼儿园的学生均属于未成年人，因此，从学生安全的角度出发，校园的管理相对严密、封闭，特别是寄宿制学校，对学生的饮食、起居、作息等方面有着一整套严格的管理制度。

② 受害人群为弱势群体

校园中发生的各种犯罪、事故所侵害的对象具有明显的特征，受害人群为弱势群体。中小学、幼儿园的学生是典型的弱势群体，他们的生理、心理都处于成长和发展阶段，对社会的认知还不成熟，应对各种犯罪、事故的知识和能力还不足，一旦受到侵害，后果极为严重。从侵害人的角度来看，由于受侵害人群的弱势特点，侵害人往往会强化犯罪的选择，使其犯罪目的和结果容易达到，犯罪成本相对较低。

升旗仪式

③ 校园抵御侵害的能力弱

尽管我国中小学教育体系涉及安全教育的内容中有一些安全防范、抵御不法侵害的内容，有的中小学也开展了一些基

本的逃生、自救、自卫的教育,但缺乏系统性、可操作性。从总体上讲,中小学、幼儿园的学生和教职工的安全防范意识和抵御不法侵害的能力均较弱,主要表现在以下两个方面:

(1)他们对可能发生的校园安全事件缺乏识别先兆的预警能力。

(2)一旦发生校园安全事件,他们往往惊慌失措,缺少及时的、有效的应对办法。

4 校园安全事件具有三大特点

中小学、幼儿园的校园安全事件类型主要有三种:刑事犯罪、事故灾害、意外伤害,这三大校园安全事件都具有多样性、突发性和灾难性的特点。

(1)多样性。

多样性是指校园安全事件类型多样,既有人为造成的,也有自然原因造成的。

新式校车

窗明几净的教室

（2）突发性。

校园安全事件由于实际发生的时间、地点具有一定的不可预见性，可预警的时间很短，因而总是在意想不到的时间和地点发生，并造成预料之外的后果。

（3）灾难性。

灾难性是校园安全事件较显著的一个特点。校园是人员密集的场所，蕴藏着多种危险因素。中小学、幼儿园学生的自救、应变能力比较差，相对来说是弱势群体，这在客观上导致了在校园内可能受到伤害的人和损失的财产都比较多。校园安全事件的灾难性主要表现在其往往会造成大量人员伤亡、带来负面的社会影响等。几乎每一起校园安全事件都会带来极其深远的、负面的社会影响。

第一章 认识校园安全

小学生的集体活动

和谐的校园

5. 危害家庭和社会

在校园中发生的各种安全事件,由于其侵害主体不固定、被侵害对象为弱势群体和事件发生地点在校园等特殊性,使其成为社会各界关注的焦点,从而很有可能对整个社会的政治稳定和社会治安造成冲击。

三、校园安全管理的基本任务有哪些

1. 保证师生的人身安全

人对安全感的需求是与生俱来的,美国心理学家马斯洛

安全过马路

的需求层次理论指出，人的需求是指人某种生理或心理上的不满足感，它可使人产生行动的动机。马斯洛将人的需求按层次由低到高分为生理需求、安全需求、社会需求、尊重需求、求知需求、审美需求、自我实现需求7个层次。一般情况下，只有当某种低层次的需求相对满足之后，其高一级需求才能转化为强势需求。在马斯洛的需求层次理论中我们可以看到，除去生理需求，对一个人来说最基本的需求就是安全需求。安全包括很多方面，但最基本的就是人身安全。对学校的师生来说，人身安全需求也是最基本的，只有人身安全需求得到满足，才能确保工作和学习的顺利开展。学校作为一个社会单位，当然应该承担确保其内部人员安全的责任，并且这也是对一个单位最基本的要求。所以，保证校园师生人身安全无疑是校园安全管理的基本任务之一。

安全出游

❷ 保证教学工作正常进行

中小学、幼儿园对一个国家、民族未来的发展是极其重要的,如果学校没有有序的教学秩序和安定的环境,教学活动就无法进行,知识也就无法传播,人才也就失去了培养的途径,国家也就谈不上发展,社会也就会缺乏推动进步的力量。所以说,校园安全是一个至关重要的问题,因此,保证学校正常的教学工作是校园安全管理的基本任务之一。

正常的教学工作

❸ 保证学生和学校的财产安全

中小学、幼儿园为了保证教学活动的正常进行和开展,一般会配备一定的教学设施,包括计算机、多媒体设备、体育设施等。这些设施对教学活动的正常开展具有非常重要的意义。而由于这些设施往往价值比较高,又容易成为犯罪分子盗窃的

目标，因此学校的安全管理工作要重视这些设施的安全。

多媒体教室

中小学、幼儿园的学生由于年龄较小，自身防范能力较差，非常容易成为不法分子抢劫的对象，因此学校应当重视对于中小学、幼儿园学生财产安全的保护，加强对他们的相关安全教育，从而保证他们的财产安全。

校园安全知识讲座

④ 预防和处置校园内部的各类事故

在校园内发生的各类事故不仅会威胁师生的安全,还会给学校和社会带来相当的损失和不良影响。

宣传事故危害,预防事故发生,发生事故后及时进行初期处置,是校园管理工作的基本任务之一。为预防各类事故的发生,学校要严格执行各类安全制度,加强对中小学、幼儿园内部各类事故隐患的排查,健全各类安全组织,落实安全责任。为使事故发生后的损失降到最低,学校要制订应急处置预案,积极进行救援,防止危害范围扩大。校园内部的安全管理组织还应协助政府有关部门对事故进行认真调查,做到查不清原因不放过,当事人和广大师生受不到教育不放过,整改措施不落实不放过。通过对已发生的事故的调查处理,达到预防同类事故再发生的目的。

校园安全教育宣传栏

消防设施

⑤ 维护校园内部及其周边的治安秩序

加强校园内部及其周边的安全管理，维护校园内部及周边的治安秩序，是学校安全管理工作中的一项经常性工作。

校园内部及周边的治安秩序是整个社会治安秩序的重要组成部分，校园治安秩序的好坏直接影响到中小学、幼儿园学生的人身安全，进而影响到学生家庭的稳定和社会的和谐。

学校需要本着依法管理、严密管理、文明管理、科学管理的原则，严格执行各项管理制度，落实各项治安管理措施，实行治安保卫责任制，深入贯彻综合治理的方针，努力为中小学、幼儿园创造良好的教学秩序和生活环境，以保证校园正常的治安秩序。

有序的课堂

四、校园安全管理有哪些措施

在学校中,相关部门应当制订详细周全的校园安全管理措施,事先制订预案和操作规范,并实行严格的安全管理规章制度,这样才能真正防患于未然。

(1)健全校园门卫制度。门卫要严禁非教学用的易燃易爆物品、有毒物品、管制刀具被带进校园,严禁机动车辆和闲杂人员进入校园。校园聘用的门卫需要认真履行职责、毫不懈怠,只有这样,才能把好校园安全的"第一关"。

(2)校园的相关设备要经常检查和维修,如路灯,楼道的电灯,楼梯的扶手,用水、用电、用气的设备,等等。

(3)强化宿管人员的责任意识,即使是夜间,学校也要保证值班室有人值班。一旦发生紧急事故,要保证安全出

第一章 认识校园安全

口、通道的畅通,并且积极组织施救、疏散学生,将危害降到最低。

校园安全电动门

学校楼道

学校宿舍的安全管理很重要

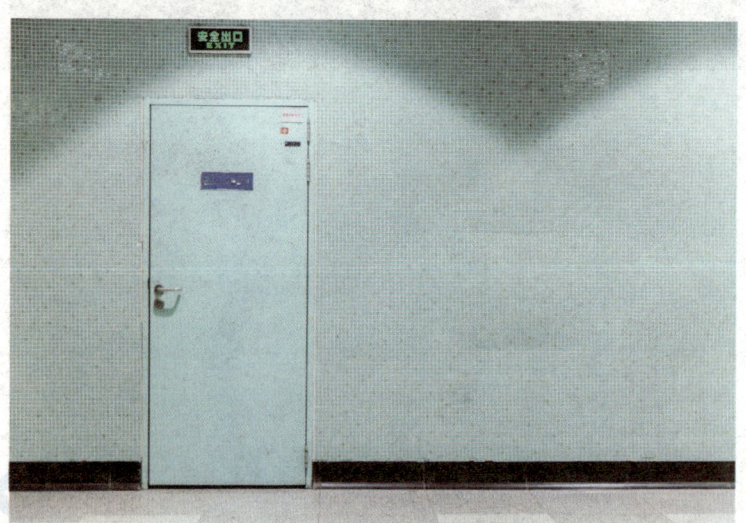

安全出口

（4）危险化学物品等一定要存放在安全的地方，严禁师生带出实验室。

实验室

（5）建立学生安全信息通报制。如果学生有非正常缺席学校活动或擅自离校情况，一定要及时通知他们的监护人。

（6）如果学生有先天性疾病或者是体质特殊，一定要提前报告给老师，这样就可以建立和妥善保管学生健康档案，给予特别的关照。当然，这项措施的前提是保护学生的个人隐私。

（7）对住宿生的管理要实行夜间巡查、值班制度，特别要加强女生宿舍的安全管理。

（8）注意交通安全和接送学生的校车管理。

（9）做好食堂物品定点采购、索证和登记，做好饭菜的留验和记录工作。

（10）建立安全工作档案，如记录日常安全工作、安全责任落实、安全检查、安全隐患消除等。

（11）安全知识要渗透到教学活动中，如利用读报、放假前、开学初、升旗时的时间开展安全教育。

（12）如果要举办大型的集体活动，一定要防止拥挤踩踏。在进行集体活动的时候，老师一定要维持秩序，合理安排疏散时间，在下楼的时候要分时段、分楼层，做到有序下楼。

（13）注重易发事故的时间：体育课、劳动课、自习课、夜间休息期间；易发事故区域：楼道、走廊、宿舍、厕所；易发事故类型：打架斗殴、用水安全、用电安全、火灾等。

（14）一旦校园内发生安全事故或者是自然灾害，应及时启动应急预案。全员参与救援、疏散、报警和告知家长及上级部门，保障学生身体健康和财产安全。

（15）重视教师生活区的安全。

总而言之，安全无小事，要时时讲安全、事事讲安全，以人为本，预防为主。不断教育学生，增强学生的安全防范意识，提高学生的自我防护能力，掌握避险、逃生、自救的方

学校的宿舍楼

第一章 认识校园安全

法。尽力做到零伤亡,杜绝大型恶性事件的发生。

在建设平安校园的过程中,需要全体教职工及安保人员的共同重视,相信只要大家齐心协力,一定可以将伤害降到最低。

五、学校门卫有哪些安全职责

学校作为一个未成年人集中的场所,负有十分重大的监管责任。学校的门卫制度虽然有规定,但在具体执行过程中却常有疏漏。如在午休时间,只有门卫一人当班管理学生外出事宜及校园安全,这显然是不够的。对于学校的门卫制度建设,应当严格抓住细节管理。

1. 健全门卫登记、检查制度,并安装监控设备

中小学和幼儿园要进一步建立健全校园治安保卫机构,

校园保卫人员

加强人力、财力、物力的投入，特别要加强门卫管理，要配备能够切实履行职责的人员或者专职保安担任门卫。同时，切实规范出入管理制度，严格限制外来人员的出入，外来人员的出入都必须经过审核、登记。无正当理由的人员，无有效证件的人员，推销人员，无特需、特批的各种车辆，坚决不许进入学校，强行进入时要立即报警。此外，也必须注意防止非教学用的易燃易爆物品、有毒有害物品和管制刀具等危险品进入校园。

为了防止犯罪分子进入学校侵害学生和老师的人身安全，为了能够及时发现可疑分子，目前很多学校都在校园入口处安装了监控设备。在校门前安装监控设备，校园的情况将通过联网监控，直接传输到公安局的监控设备中。这样可以提前对犯罪嫌疑人进行排查，防患于未然。如果只是在上下学期间进行监控的话，就会出现监控的真空期，给可疑分子以可乘之机，使他们有了进行犯罪的准备时间，不能将危险事件消灭在萌芽阶段。实时监控虽然可以预防危险事件，但突发危险事件后，与公安局联网报警才是重点，警力只有在犯罪发生的第一时间到达，才能把对孩子的伤害降到最低。

② 禁止陌生人带学生出门，加大巡逻

班主任老师对学生每天的出缺席情况要了如指掌，特别是对缺席学生的原因、去向等要心中有数。学生在校期间（午饭时间除外），原则上不得随便离开校园；学生不得被陌生人带出校园；学校及老师不得以任何理由把学生撵出校园。寄宿制学校，要安排事业心、责任感、安全意识强的人做

第一章
认识校园安全

学校的进出安全

宿舍管理员，建立健全外来人员出入登记、寝室点名登记、夜间巡查登记等宿舍管理制度。晚上在学生晚自习下课到回宿舍期间及学生就寝后，要加大对重点路段和学生宿舍周围的巡逻和查看。

③ 划定家长等候区，防止校门拥堵

各学校要在校门口两侧10米外视情况划定家长等候区，防止因接送学生造成校门口拥堵。校内人员出入高峰时段，学校领导要在校门口值班。

④ 做好应急预案，向学生宣传安全知识

动员广大教职工、学校安保力量投入学校治安防范工作中。强化对学生家长、中小学和幼儿园学生的安全教育，提高学生的安全意识和自救自护能力。学校可以选择利用例会对教

师进行安全意识和安全防范教育，以提高教师的责任心和安全防范能力，力争通过防范避免安全事故发生。搞好安全教育，利用升旗仪式、班会课、广播站、宣传廊等途径丰富学生的安全知识，提高学生的安全意识，培养学生的安全防护和自救能力。例如，开展"安全教育月"活动，集中对学生进行安全教育。

❺ 强化校园及周边治安防控体系

学生在上学和放学的途中，要注意安全，不能听信陌生人的花言巧语。没有父母和老师接送的同学最好结伴而行。一旦发生恶性事件，当事人及家长一定要尽力保持理性、冷静，以保证生命安全为前提，相信并配合警方妥善处置事件。

六、学校医务室如何建设

中小学医务室由于分布在各学校内，规模不大，药品种类也比较少，极易成为药品监督管理的薄弱环节。同时，中小学医务室又是专为学生提供医药服务的地方，服务对象具有特殊性，其用药安全的重要性显得尤为突出，直接关系着孩子的安全、健康。因此，规范和完善校医院的药品及医疗器械设备的采购和使用制度是非常重要的。

中小学校应当不断提高学校医务室从业人员素质，培养他们的责任意识、法律意识和管理使用药品、医疗器械的能力。规范药品、医疗器械的采购、使用，加强日常监督，防止假、劣药品流入学校医务室，从根本上确保中小学生的用

第一章 认识校园安全

校园医务室

药安全。

　　学生在校园医务室用药时，应当事先向医护人员说明自己的病史和过敏史，另外，用药之后出现不良反应或其他不适的，应当及时向医护人员、班主任老师、其他老师或者家长说明，避免发生危险。

七、校园安全事件包括哪些内容

1. 什么是校园安全事件

　　所谓校园安全事件，是指在事先未预警的情况下围绕学校发生的，可能直接或间接威胁到学校正常的教育教学秩序，并会带来不良后果（如伤害学校师生，破坏学校教学设施，损害学校形象和声誉等），而以学校现有的人力与资源难

以立即有效地解决的紧急事件。从广义上讲，校园安全事件是指学生在校期间，由于某种突发的因素而导致的伤害事件。

校园安全事件既有一般事件所具有的共性，又有其自身的特点。就其特点而言，一是责任人疏忽大意、过失或失职，而不是故意导致事故的发生；二是外部暴力袭击导致的伤害事件。

❷ 常见的校园安全事件

（1）不当活动事故。

不当活动事故包括体育活动事故、劳动或社会实践事故等。如学生在课余时间相互追逐、嬉戏、打闹时不掌握分寸和方式方法，使用笔、石子、小刀、玩具等物品造成的伤害；体育活动或体育课上不遵守纪律或注意力不集中，活动随意，体育器械使用不当而造成的伤害；在劳动或社会实践中安全意识差，操作不熟练或不按要求操作而造成的伤害。

（2）交通事故。

不走人行道、随意横穿马路、高速骑车等造成的交通事故，乘坐货车或超载车辆等违反交通安全规定的行为而造成人员伤亡的事故。

（3）消防事故。

学生取暖或用电不当而造成的火灾、触电等事故。

（4）卫生事故。

卫生管理重视不够，工作机制不健全，预防措施不落实，特别是农村学校食堂的基础设施条件落后，卫生设施差等问题，已成为学校突发公共卫生安全事故的隐患。

校园暴力

（5）校园暴力事故。

学校安保制度不健全，防范措施不得力，导致学生受到校外不法之徒的侵害，或发生校园暴力事件。

（6）挤压、踩踏事故。

放学和下课时在楼道、门口等黑暗或狭窄的地方互相争先，而造成的挤压、踩踏等事故。

（7）自然灾害事故。

学生自救自护能力差，遇到暴风雨、地震、洪水等自然灾害无法有效地避灾而受到伤害。

（8）学生的身心健康事故。

如因学生特殊疾病、特殊身体素质、异常心理状态受到意外冲击而造成的伤害；许多家庭在教育中存在困惑、迷茫和偏差而造成的学生自私、虚荣、任性、妒忌、不守纪律；学生没有自立能力，意志薄弱，缺乏自信及独立人格，遇到挫折势必走向极端。

（9）受电视、电影、网络游戏等不良内容影响引发的事故。

某些宣传暴力、色情等有害青少年身心健康发展的视频、图片，诱导缺乏自制力的学生模仿，导致学生之间发生暴力、打斗行为。

（10）受社会犯罪现象影响引发的事故。

如杀人、重伤害、抢劫、强奸、斗殴等。

（11）价值观念的错位，道德观念的缺乏等因素导致的事故。

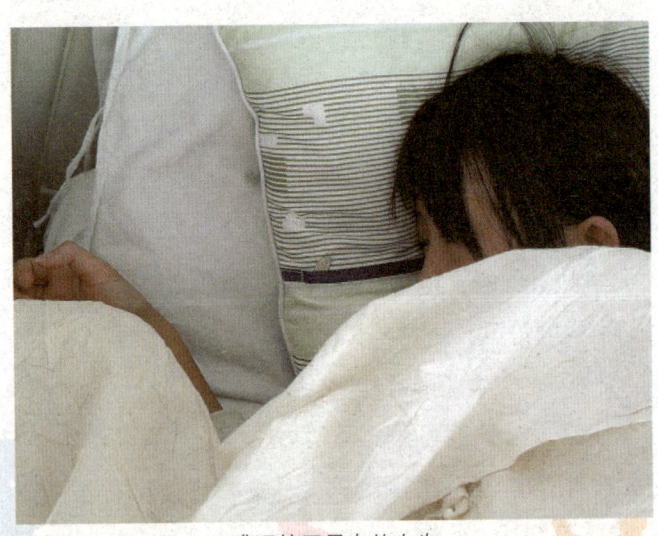

遭遇校园暴力的女生

3. 校园安全事件处理的四原则

（1）快速反应，救人第一，尽量减少损失。

(2)依照预案,尽快通报,分工团结合作。
(3)保护现场,稳定情绪,有序开展工作。
(4)事后对学生及相关人员进行心理辅导。

八、如何创建平安校园

1. 什么是平安校园

所谓"平安",《现代汉语词典》(第7版)解释为"没有事故,没有危险;平稳安全",这是狭义的"平安"。广义的平安是"大平安",指的是社会太平、百姓生活安康。广义上的平安校园是利用各种人防、物防以及技防措施,降低校园安全事故的发生。

平安校园内涵丰富,它既是校内治安良好的狭义"平安",又涵盖校内思想政治稳定,以及饮食、交通、医疗、消防、网络等方面安全的广义"平安"。因此,平安校园是一项系统工程,需要全校师生共同努力,齐抓共管,常抓不懈,做到"四个"确保(确保校内治安状况良好,确保教学科研运行稳健,确保教职员工安居乐业,确保学子专心向学)。

2. 学生如何参与平安校园的建设

(1)注意课间安全。

不能在课间进行剧烈的活动,减少各种意外事故发生的可能性;在上下楼梯的时候靠右走,不骑坐楼梯扶手,不攀高爬墙,不拥挤,不抢道;在教学楼中不打球,不乱扔物品等。

（2）加强安全意识。

体育课、实验课、社会实践或者是进行其他户外活动的时候一定要服从老师指挥，严格操作规程，千万不可擅自行动。

（3）注意防火、防触电。

在用电、用火的时候，一定要遵守相关规定，爱护消防设施和电气设备，不把火种带入校园，不在校内放鞭炮，不吸

学校安保宣传

（4）遵守交通秩序。

在过马路的时候做到"红灯停，绿灯行，黄灯亮了等一等"，在回家的时候不坐"三无"车辆，以保证安全。

（5）学会自护自救。

学习一些简单的自我救护方法是非常必要的，即使遇到一些突发事件，也可以及时应对。

3. 创建平安校园的主要途径和措施

（1）强化校园安全文化建设。

例如，要设置形式多样、教育意义显著的安全警示牌、标语等。

（2）定期进行安全演练。

结合防火、防震等多项安全教育内容，定期讲解在遇到重大险情时的疏散、自救方法，同时举办不同类型的逃生演练活动，这样可以提高学生遇到紧急问题时的应对能力及自我保护能力。

（3）坚持学生安全通报制度。

这需要填写学生安全通报记录表，如果发现安全隐患，要及时处理，只有这样，才能更好地保证学生的人身安全。

（4）设立校园安全岗，细化安全责任制。

要建立校园安全岗巡视制度，要有专职人员检查是否有课间打闹现象，如果有，要及时制止，以保证学生的安全。

（5）签订安全责任书，强化安全责任意识。

在学校，学校领导应当根据学校的具体情况来制定不同职责要求的安全责任书，这样可以提高全体人员的安全意识，把安全隐患降到最低。

（6）提高学生自护意识。

通过多种多样的教育活动，促使学生主动参与安全知识的学习，这样可以使学生的自护意识得到很大的提高。

第二章　校园安全之日常生活

一、校园日常生活包括哪几个方面

1. 学生进出学校

（1）学生在上学、放学期间进出校门时必须戴胸卡（或学生证），门卫要认真检查出入学生胸卡的真伪。

（2）当无胸卡学生进出校门时，门卫要及时进行询问，并在与其班主任联系后，方可让该学生出入校门，并做好记录备查。

学校胸卡

（3）学生在校学习期间需外出时，必须持有班主任审批的规范的书面请假条。门卫要认真审查请假条和学生胸卡真伪，留存学生胸卡，做好出校登记；该学生返校时，门卫做好入校登记并返还胸卡。

（4）对于外来人员进校接学生离校，门卫除认真审查学生请假条和学生胸卡并做好登记外，还必须向学生询问接送人

员身份，确认无疑并做好记录，方可让学生离校。若为可疑人员，门卫要严禁其带学生离校，并及时向学校报告。

（5）住校学生在（寒暑假除外）携带被套等住宿用品离校时，必须持有该班班主任的批准手续，门卫方可让其离校，否则门卫不得让其离校。

② 学生在课堂

（1）学生必须背好书包，带好书籍用具，准时到校上课，不得无故迟到、早退、旷课。

（2）听到预备铃，应立即进教室（含运动场、实验室及各类专用教室），做好上课的一切准备，保持肃静，等待老师上课。

课堂上认真听课的学生

(3) 下课铃响,老师宣布下课后,让老师先走出教室,然后学生再离开教室,不得争先恐后。

(4) 课前要做好预习工作:①阅读新教材,掌握基本内容,找出疑点、难点,明确需要集中力量解决的主要问题。②若发现与新课相关的旧知识掌握不牢时,要复习有关的旧知识。③自选一些习题练习。

(5) 上课要坐端正,专心听讲,不随意调换座位,不随便讲话,不做小动作,不看与课堂无关的书。听课要认真,积极思考,从中学会分析问题和解决问题的方法,把老师讲课要点、典型事例、分析疑难问题的方法、课堂小结等积极摘要记录。

(6) 老师提问时,应迅速思考并积极举手发言。其余同学要注意听好,并举手要求进行补充或纠正。课上发言要举手,回答问题必须起立,态度严肃自然,讲普通话,声音响亮、清晰,发言完毕,经老师同意后方能坐下。

(7) 上课时出入教室要得到老师允许。迟到的学生必须站在教室门口向任课老师喊"报告",得到同意后方能进课堂就座。

(8) 自修课要认真看书学习,专心致志,保持安静(早自修应出声朗读),认真预复习,独立完成作业,不准随便离开座位和出入教室,不准闲谈、吵闹或打瞌睡。

(9) 学生应虚心接受老师的教育,不得无理取闹。如违反课堂纪律,应虚心接受老师的批评教育。不尊敬老师和严重破坏课堂纪律者,给予批评或处分。

(10) 要注意保护视力。看书写字,两眼要与书本保持

距离。课间自觉到室外休息,多看远方绿色景物。值日生要打开窗子,使教室通风,保持空气新鲜。

3 学生在校住宿

(1)住宿生要严格遵守学校的各项规章制度,服从宿管老师及值班老师的管理。

(2)未经宿管老师的同意,男女学生不得随意串门,更不能带其他学生或校外人员进入宿舍。

(3)爱护宿舍内的一切公共设施,损坏东西要赔偿,故意破坏公物者应受校纪处分。

(4)按时起床,按时熄灯,按时就寝。

(5)保持寝室内的卫生,物品摆放整齐。

(6)要有值日生制度,每周进行一次宿舍大扫除。

(7)熄灯前做好一切就寝准备工作,熄灯后不许做与规定不符的各种事情,包括打闹说笑,吃东西,随意更换床

熄灯后的宿舍

铺，乱串宿舍，打手电筒等。

（8）有事回家要事先向班主任老师请假，得到批准后方能离校。

4. 学生在校用餐

（1）在校用餐学生应严格遵守食堂制度，尊重工作人员的劳动，按时付清用餐费用。

（2）学生领取饭菜应自觉排队，不得拥挤插队。

（3）学生一律在餐厅用餐，无特殊情况，不得将饭菜带出餐厅。

（4）用餐时保持安静，保持餐厅内的清洁卫生。

（5）不浪费粮食，不乱倒饭菜，餐具应轻拿轻放。

（6）在用餐过程中，学生如不慎将饭菜打翻，应及时清扫干净。

（7）在用餐过程中，发现饭菜不卫生或可疑食物要及时报告给食堂管理人员。

（8）一般情况下，学生应在学校用午餐，如有特殊情况，应由家长提出书面申请，经班主任同意签名，并到教导处办理出门证，方可回家用餐。但学生必须在规定时间内返校。

二、常见的课间意外事故有哪些

学生活泼好动，课间意外事故时有发生。概括来说，学生课间的意外事故主要表现在拥挤伤害、追逐伤害、游戏伤害三个方面。

1. 追逐伤害

学生精力旺盛,好运动,特别是男同学常会在教学楼里追逐打闹。在追逐过程中,跑在前面的学生常常会不由自主地回头看,这样边跑边看的行为最危险,倘若学生手中再拿有铅笔等小物件,危险程度就更高了。

2. 游戏伤害

这是课间活动学生意外事故的多发类型。究其原因,一是游戏本身隐含了危险因素,二是游戏的地点常常不是在宽阔的操场,而是在教学楼的走廊。

3. 拥挤伤害

这种伤害主要发生于教室门口、楼道。课间活动时学生大量聚集到教室门口、楼道,加上学生年龄小,安全意识差,拥挤现象难以避免。一旦有一名学生失足跌倒,就极有可能被踩踏造成严重的人身伤害,甚至危及生命。

三、如何保证课间活动的安全

课间是同学们休息的时间,通常大家都会到教室外呼吸新鲜空气,并适当活动。不过,中小学生大都生性好动,有些学生在这方面表现得比较突出,下课后喜欢跟这个逗,跟那个疯,因此常常闹出事故来。课间活动是自由的,学生分散在不同的地方,不像课堂上容易管理,所以更容易出事故。

可以通过以下措施防范课间伤害事故。

（1）制作安全标志，挂警示牌。

在可能出现事故的楼梯、台阶、走廊等区域的醒目位置，挂上安全警示牌。如禁止起哄、推搡；人多时不要系鞋带、捡东西；校园里不得追逐打闹等。

（2）开展各种校园安全宣传活动。

利用班会、黑板报、广播、校报、校园戏剧等各种形式，经常性地宣传校园课间事故的危害性，以及减少事故的各种有效的措施，使维护安全、排除安全隐患成为每一个学生的习惯，校园课间安全问题就能得到妥善解决。

（3）每个人树立安全意识最重要。

事故都是偶然的，可是，偶然的背后有必然的因素，这

欢乐大课间

就是我们的疏忽和大意。要避免校园伤害事故，首先要建立的就是每个学生的安全意识，有了这个用理智构建起来的警钟，一旦出现危险的苗头，就会有学生及时提醒，事故就会在萌芽中被遏制。

（4）积极参与制定校园课间安全规则。

有的学校请全体学生参与制定校园课间安全规则，先征集各种方案，再召开学生听证会，让每个学生参与其中形成主体意识。

（5）开展有益而安全的活动，以取代危险活动。

好动是学生的天性，与其让学生们追逐打闹，不如让他们参与踢毽子、跳绳、打羽毛球等运动量不大而又相对安全的活动，这样可以有效地避免课间危险。

四、参加集体活动时应注意哪些安全问题

1 参加大型集体活动时

举办联谊会、庆祝会、升旗仪式等集体活动时，由于烈日暴晒、悬物坠落、燃放鞭炮、舞台坍塌、火灾、攀高坠地、拥挤等原因容易引起中暑、砸伤、炸伤等事故，严重的还会造成伤残甚至死亡。因此，在集会及集体活动中要遵守纪律，不要擅自离开队伍。

2 与会或观看演出时

当在礼堂或剧场开会、看演出时，要按秩序入座、离

场。要学会识别公共场所和较大建筑物内的安全标志，如剧场除有大门外，还有紧急出口。在高层建筑物内，除了留意电梯的紧急呼救标志外，还要留意楼梯等紧急疏散通道的位置。

3. 布置会场时

参加会场环境布置，若涉及攀高悬挂会标、横幅诸事，必须在老师的指导下进行。

4. 发生火灾时

忌开窗户，以免加速空气对流，使火势蔓延。若室内烟浓，要低身姿撤离，以免因吸入浓烟导致晕倒窒息。

5. 进楼或上下楼梯时

上下楼梯时，严禁追逐打闹。若突降大雨，不要慌乱，

教师带领下的集体活动

不能蜂拥进楼，要冒雨站队，按顺序进楼，防止因拥挤而引发伤亡事故。

一旦发生事故，如有强烈疼痛者，应立即送往医院仔细检查，谨防内脏器官受损，耽误治疗。

五、如何防范踩踏事故

近年来，校园踩踏事故接连不断发生，而一旦发生，就会造成不少学生的伤亡，让人痛心。踩踏事故已经成为校园安全的重点防范对象，引起了国家、社会、学校和家庭的高度重视。虽然多方面强调预防，但踩踏事故仍频频发生。触目惊心的画面，撕心裂肺的哭喊，大家应当牢记血的教训。

校园踩踏事故频频发生，已经成为校园安全不可回避的话题。

1. 踩踏事故案例

2009年12月7日，湖南省湘乡市育才中学发生惨重的校园踩踏事件，一名学生在下楼梯的过程中跌倒，引起拥挤踩踏，造成8人死亡，26人受伤。

2010年11月29日，新疆维吾尔自治区阿克苏市第五小学课间操时，学生从楼上蜂拥而下，前面的学生摔倒后遭到踩踏，共有41名学生住院治疗，其中6人重伤，1人病危。

2013年2月27日，湖北省老河口市薛集镇秦集小学发生一起因拥挤而引起的踩踏事件，4人抢救无效死亡，10余名学生受伤。

2014年9月26日，云南省昆明市盘龙区明通小学午休场所发生学生踩踏事故，造成6人死亡，26人受伤。

 预防踩踏事故的措施

（1）放学后不要急于抢道下楼，牢记安全第一。

（2）上下楼时，尽量靠右边走，保持安静，不在楼梯上追逐打闹。举止要文明，人多的时候不故意推搡，不起哄，不制造紧张或恐慌气氛。注意脚下的台阶，如果要系鞋带，可以到楼梯拐角处。

（3）上下楼人数较多时，看好脚下的台阶，当行至狭窄地段、光线不足的地方时，不要着急，应排队缓行。

（4）如果楼梯内人群比较拥挤，可以等几分钟再走，不得已时，要尽量靠右边走，手扶楼梯把手缓慢上行或下行。

放学回家不要在路上打闹

（5）尽量顺着人流走，切不可逆着人流上下楼梯，不然很容易被人推倒。

（6）当人群出现混乱、骚动时，要保持冷静，不要慌乱，更不要乱跑。记住学校老师教你的疏散演习，并按照演练要求去做。

3. 踩踏发生后的自救办法

（1）当出现人群拥挤、混乱不堪的情况时，一定要保持镇定，克服紧张心理，可以快速躲在楼道角落。

（2）服从老师的指挥，可以协助老师疏导人群，积极、冷静地维持秩序。

（3）当出现拥挤时，要快速伸出双手，随时准备应对紧急情况，而不要把双手插在口袋里。

（4）发现拥挤的人群向自己涌过来时，应立即闪到一旁，不要慌，不要乱跑，避免摔倒。

（5）不幸陷入拥挤的人群时，一定要努力使自己站稳，防止身体倾斜失去重心。想方设法紧紧抓住楼梯扶手，防止摔倒。即使鞋带松开，鞋子被踩掉，也千万不能弯腰去系鞋带或捡鞋，一定要谨记，生命永远是第一位的。

（6）在拥挤的人群中动弹不得时，用一只手紧握另一只手的腕部，手肘撑开，放于胸前，微微向前弓腰，形成一定空间，以保持呼吸通畅。

（7）一旦被人挤倒在地，要努力使身体蜷缩成球状，侧身屈腿，双手紧扣抱住头部，保护好头、颈、胸、腹部，尽量靠近墙角。

倒地后的蜷伏姿势

六、实验课上应注意哪些安全问题

为了锻炼学生的动手能力,不少学校都设有实验室,供学生亲手操作实验。实验确实提高了学生的动手能力,也增加了知识的趣味性。不过,实验的过程中,一定要按照老师的要求来操作,避免造成不必要的伤害。

同学们在上实验课的时候一定要注意安全,如果操作出现错误,很可能会被实验物品伤到自己。

1. 实验课的安全要点

虽然实验多种多样,要求并不完全相同,但基本的安全要点大体上还是相同的。

物理实验室

（1）做实验之前要认真阅读关于实验的安全指导手册。

（2）实验课开始前，先检查桌面，看看是否有积水和与实验无关的金属片、玻璃碎片等。

（3）实验过程中注意不要将试剂洒落在桌上。

（4）一些化学品不能用手或抹布直接擦，最好由老师处理；做完实验后要洗手。

❷ 电器使用安全须知

不管是化学实验还是物理实验，经常会用到电器，如果不注意用电安全，容易引发触电、火灾等事故，造成人身伤害和财产损失。因此，同学们必须懂得实验室电器的安全操作方法，并遵守下列规则。

（1）使用之前仔细倾听老师讲解有关电器使用的常识和

化学实验室

规则,认真阅读实验室内张贴的注意事项。

(2)安装电器应注意安装环境和条件,不要接近热源和水源。

(3)谨记不要在电源接通的情况下连接线路或装配零件。

(4)千万不能用湿手触摸电器。

(5)使用完毕,别忘了切断电源。

3 玻璃器皿使用安全须知

同学们在做化学实验时,会用到很多玻璃器皿,比如烧杯、试管、容量瓶、滴管等。如果没有正确操作,一来化学物品可能溅到皮肤上,造成灼伤;二来容易让破碎的玻璃器皿划破皮肤。因此,使用玻璃器皿一定要规范。

（1）实验室的玻璃器皿比较轻薄，使用时轻拿轻放。

（2）用玻璃棒进行搅拌时，动作要轻，用力要均匀。

（3）如果玻璃器皿破碎，要及时处理干净。

七、校园里发生食物中毒怎么办

社会上出现的"苏丹红"鸭蛋、"瘦肉精"猪肉、"三聚氰胺"奶粉等有毒有害食品让消费者闻之色变，我国校园食品安全事件时有发生。

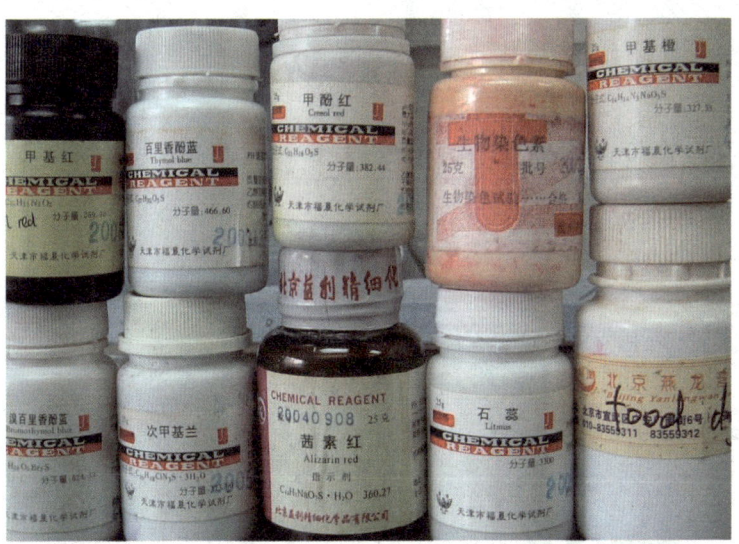

上排中的染色剂就是苏丹红

1. 食物中毒的预防

（1）注意个人用餐卫生，餐前便后洗手，经常修剪指甲。

（2）学生应尽量在学校的食堂用餐。

（3）如果在校外的摊位或小店用餐，应注意其卫生条件，尽量不要在露天的摊位上用餐。

（4）购买熟食时一要看颜色，二要闻味道，变质的熟食一律不吃。

（5）认真对待"有效期"和"保质期"。在超市或便利店购买食物时，对于过期的、胀袋的、包装变形的、盒装食品和罐装食品的盖子鼓起的食品不要购买食用。

（6）不吃隔夜菜，不喝隔夜汤，更不要吃腐烂变质的菜，防止亚硝酸盐中毒。

（7）如果对水果和蔬菜等生鲜食品的品质有怀疑，最好的办法是煮食、烹调、削皮或扔掉。

② 食物中毒的救护措施

（1）补充液体及电解质。

食物中毒患者如有剧烈的呕吐和腹泻现象，要适当补充加入适量葡萄糖及盐的温开水（即"口服补液盐"，药店有售，加温开水溶化后口服），或者到医院注射生理盐水、葡萄糖注射液。

（2）刺激呕吐法。

发觉出现中毒症状，可以先用催吐的方法将尚未完全消化吸收的有毒食物排出体外。

如果意识清醒，可以自行用手指、筷子刺激咽喉部位催吐。反复刺激，直至将胃里剩余的食物全部吐出来。

用20克食盐兑200毫升温水一次性饮完，引发呕吐反应。如果效果不明显，可以重复饮用淡盐水，直至将胃里的剩余食

鲜姜可用于催吐排毒

物全部吐出。

将100克新鲜生姜捣碎，口服鲜姜汁，然后饮用200毫升的温水催吐。

如果严重食物中毒，必须立即送往医院进行洗胃，以防毒素被迅速吸收。

（3）刺激排泄法。

可以服用酚酞片等泻药；服用可以导泻的中草药，如生大黄、熟大黄或番泻叶。

（4）解毒。

误食腐败变质的海鲜类食物，如变质的鱼、虾、螃蟹等引起的食物中毒，可以用200毫升的开水兑100毫升的食醋，口服。

食用了腐败变质的肉类，可以服用藿香正气丸。

误食含毒草类的食物，可以服用甘草紫苏汤或甘草绿豆汤。

八、学校发生火灾的原因有哪些

通过相关资料统计，近年来很多学校发生火灾的原因大体归为以下几个方面。

 明火引起火灾

（1）夜间熄灯后点蜡烛。

在学校宿舍晚上统一熄灯之后，有个别学生点蜡烛照明。

（2）使用灶具。

在学校中，一些学生为了图方便，使用煤油炉、酒精炉做饭。尤其是酒精，它属于一级易燃液体，一旦使用不当，就能引起火灾。

（3）乱烧废弃物。

有的学生在宿舍中燃烧一些废弃物，如果没有彻底熄灭就离开，可能会引起火灾。

（4）点蚊香。

点燃的蚊香有700 ℃左右，而布匹的燃点为200 ℃，纸张燃点为130 ℃，如果这些可燃物品靠近点燃的蚊香，就会引起燃烧，火势是非常难以控制的。

（5）吸烟。

众所周知，烟头的表面温度很高，而中心处温度更高。常见的可燃物燃点低于烟头表面温度，一旦点燃的烟头接触到

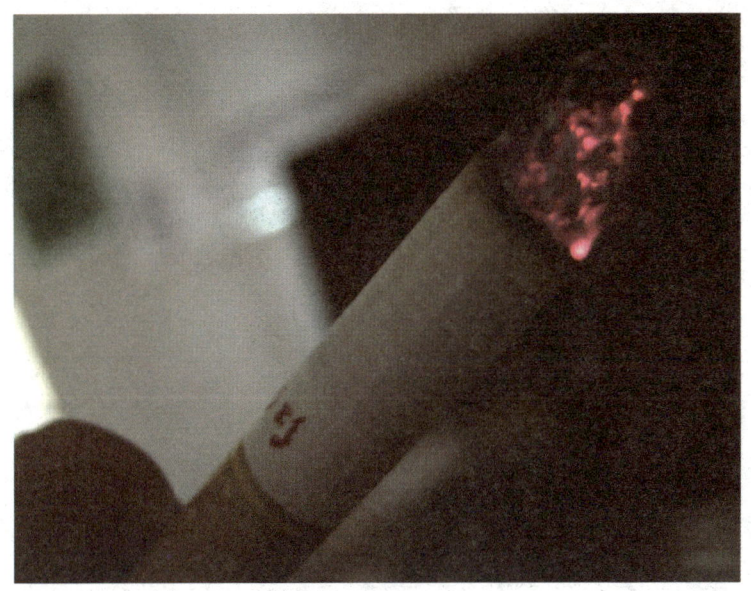

随意丢弃的烟头可能会引起火灾

燃点低于烟头温度的可燃物，可能会导致火灾的发生。

② 电气火灾

在日常生活中所发生的电气火灾，除了少数是因为设备问题，大多数是人为因素造成的。学校电气火灾主要是由以下因素导致的：

（1）违章用电。

如果在宿舍内使用大功率电器，会使供电线路过载发热，加速线路老化，甚至短路起火。

（2）使用电器不当。

电器使用不当也会引起火灾，如果把60瓦以上的灯泡长时间靠近纸等可燃物，就会引起火灾；充电器长时间充电，又被衣被覆盖，导致散热不良，也能引起燃烧。

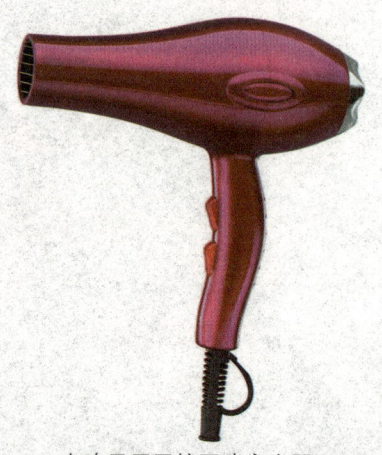

电吹风属于校园违章电器

③ 违反实验室操作规程

在实验课上，学生在用火、用电、用危险物品的时候，如果违反了相关的规定，也会导致火灾的发生。如有电感的实验设备在使用时有物品覆盖在散热孔上，使设备聚热，导致设备燃烧；用火的时候，周围的可燃物未清理完，火星飞到可燃物上引起燃烧；做化学实验的时候，将相互反应的化学试剂混在一起，实验温度过高或操作不当，也能引起火灾事故。

九、校园防火和救火常识有哪些

"预防火灾，防消结合"是我国消防工作的方针。为防止火灾发生，我们必须从身边的每一件事情做起，为了在火灾事故发生时能顺利逃生，我们应当掌握一些基本的自救常识。

1 防火常识

（1）不要玩火（特别是不要使用不合格的打火机和一些巨型打火机）。不带火种进校园，也不带汽油、酒精（包括高度白酒）、爆竹等易燃易爆物品进校园。

（2）不吸烟。

（3）爱护消防设施。

（4）实验课需要使用酒精灯和一些易燃的化学品时，要在老师的指导下进行，并严格遵守操作规范。

（5）打扫卫生时，要将枯枝落叶等垃圾作深埋处理或送到指定地点，不要采取火烧的办法处理垃圾。

塑料打火机的不当使用会引起爆炸

（6）教室使用煤火取暖时，要有专人负责。炉子不能靠近木制桌椅。不要在炉膛内乱烧废纸、塑料等物品。

（7）如果发现着火，要立即报告老师；火势较大时，要拨打119火警电话。

（8）不要私自使用电器，不随意移动电线、电源开关等。

② 救火常识

（1）作为中小学生，不要参与救火。要知道，国家明令禁止中小学生参与救火。

（2）水是最常用的灭火剂，木头、纸张、棉布等引起的比较轻微的火情，可用水灭火。用扫帚、拖把等扑打火源，也能灭小火。用沙子、土、浸湿的棉被等覆盖在着火处，也可扑灭小火。

（3）油类、酒精等起火，不可用水扑灭，可用沙子、土等覆盖。电器起火，不可用水扑灭，应当先切断电源，然后灭火。

（4）遭遇火灾时，千万不要惊慌失措，要冷静地判断自

火灾现场

己的位置,根据周围的烟、火光、温度等判断火情,不要盲目行动。

十、学校发生火灾时如何逃生

一旦学校发生火灾,学生被火围困,如果想要逃生,应注意以下几个方面。

1. 提前熟悉校园环境

在日常生活中,每个人应都对自己周围的环境做到了然于胸。学校可以集中组织应急逃生预演,在预演过程中使大家熟悉建筑物内的消防设施及自救逃生的方法。即使有火灾发生,大家也会找到出路。

如果是到了一个陌生的环境中,为了保证自身的安全,一定要留心疏散通道、安全出口及楼梯的方位,即使有危险情况发生,也能在最短的时间内找到出口,逃离危险场所。

2. 保持疏散通道畅通

当火灾发生的时候,最重要的逃生路径是楼梯、疏散通道、安全出口等。所以,这些地方必须时时保证畅通无阻,千万不能堆放杂物,或者是设闸上锁。

3. 选择正确的逃生路线

(1)镇静。

如果是突然遇到火灾,在面对浓烟和烈火的时候,首先

要保持镇静,以清醒的头脑在最短的时间内判断出危险地点和安全地点,然后找到逃生的方法,尽快撤离险地。在逃生的时候,尽量朝外面空旷的地方跑。相信自己,只要能保持镇静,一定能找到逃生的办法。

(2)选择合理逃生路线。

在发生火灾的时候,要做到具体问题具体分析,根据情况选择进入相对安全的楼梯通道。除了可以利用楼梯之外,还可以利用建筑物的阳台、窗台、天窗、屋顶等攀爬到安全地点,沿着落水管、避雷线等建筑结构中的突出物滑下楼脱险。在逃生的时候不要乘电梯。因为火灾中各种意想不到的情况都会发生,一定要在逃生的过程中选择最安全的方法。

4. 掌握应急逃生技巧

如果安全通道已被堵,救援人员不能及时赶到,被困人员要想办法逃生,可用身边的绳索或床单、窗帘、衣服等自制简易救生绳,从窗台或阳台沿绳缓慢滑到下面楼层或地面,安全逃生。

当感觉房门已经滚烫时,如果打开房门,遇到的必定是火焰和浓烟。此时,逃生通道被切断且短时间内无人救援,被困人员可采取创造避难场所、固守待援的办法。首先应关紧迎火的门窗,用湿毛巾、湿布塞堵门缝或用水浸湿棉被蒙在门上,防止烟火渗入,固守在房内,直到救援人员到达。

被烟火围困暂时无法逃离的人员,应尽量待在阳台、窗口等易于被人发现和能避免烟火近身的地方,及时发出有效的求救信号,引起救援者的注意。要想拯救自己,只有充分暴露

湿毛巾可以防烟防毒

自己。

⑤ 及时灭掉身上的火苗

如果发现自己身上着火了,万不可奔跑或者是用手拍打,因为奔跑或拍打会形成风势,加速氧气的补充,促旺火势。此时最好的自救办法是设法脱掉衣服或就地打滚,压灭火苗。

⑥ 防止中毒和窒息

在逃生过程中一定要想办法防止烟气中毒,预防窒息。为了防止火场浓烟呛入,可采用湿毛巾、湿口罩蒙鼻,匍匐撤离的办法。因为烟雾比较轻,它们浮在空气上层,所以贴近地面前行可以减少烟气吸入。

7. 以保命为首要任务

当发生火灾的时候，最为重要的就是人的生命。身处险境的人应当尽快撤离，千万不要为了寻找自己的珍贵物品而错过了最佳的逃生机会。在逃离险境之后，一定不要重返险地。

十一、学校常见的用电隐患有哪些

随着教育事业的发展和教学现代化程度的提高，学校的教学、科研、实习、实验及学生生活的各个方面越来越离不开电。由于学校人员密集，学生安全意识淡薄，普遍缺乏安全知识，行为缺乏理性，用电安全事故时有发生，因此，加强安全用电的管理和教育显得尤为重要。

引发学校用电安全事故的原因一般有两点。

1. 学生个人原因

（1）在宿舍里乱拉、私接电线，购买和使用劣质电器，在宿舍里违规使用大功率电器，甚至人离开也不关闭电源，或遇到突然停电时一走了之，再来电时无人监控，极易引发火灾事故。

（2）用湿手接触电器，拔插头时强拉硬扯，极易造成插头内部短路。

（3）一个插线板上使用多个电器，超出插线板的额定功率。

（4）在高压线下放风筝；在电线上晒衣服，引起电网

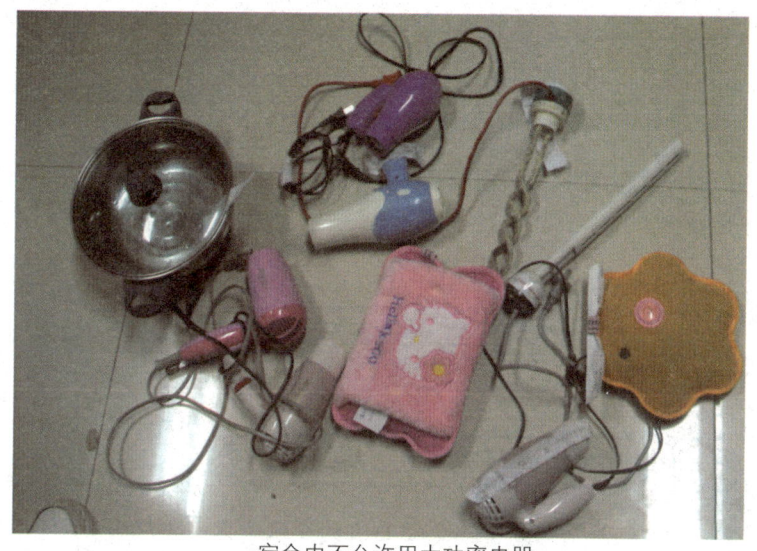
宿舍内不允许用大功率电器

故障。

（5）任意拆修电气设备。

（6）有的同学误拾落地电线触电，同伴用手去拉触电者，造成群体触电。

② 学校管理方面原因

（1）电路检修不及时，配电柜、开关箱长期不关闭，不上锁；闸刀、开关、插座、保险丝盒等外壳破损，导线裸露也不及时更换。

（2）广播线、网络线、电话线和电源线混在一起或距离太近，接地线、避雷线年久失修。

（3）基建施工和后勤维修乱接临时用电，电缆线露天布放，或在变压器、电杆旁施工，损坏供电设备。

（4）用电不事先申请，随意安装空调等大功率电器，造成电路严重超负荷。

（5）学校礼堂、视听教室等场所灯具选用不恰当，布置不合理，装饰材料不阻燃，灯具极易烤燃幕布、吊顶而引发火灾。

十二、如何预防校园交通事故

1. 校园交通事故发生的原因

（1）校园内的机动车和非机动车辆增多。

随着经济的快速发展和生活水平的提高，越来越多的教师开车上下班；学校的开放程度越来越大，进出学校的人员和车辆增多；有的校园面积较大，甚至还划分了不同的校区，为了方便学习和生活，绝大多数学生都有自行车。

（2）校园道路交通的特殊性。

校园里的道路比较狭窄，没有专门的人员来管理和指挥交通，有些机动车又没有做到在校园中减速慢行，因而增加了交通事故发生的概率。

（3）学生的交通安全意识薄弱。

很多学生想当然地以为学校里是绝对安全的，在上课和下课的时间，道路上的学生比较集中，而且大家走路的时候非常随意，很多学生边走边看书，边走边看手机，或者边走边和其他同学说话打闹，注意力很不集中。

❷ 校园交通事故的表现形式

（1）边走路边玩耍。

有的同学在放学的路上，一边走路一边和同学说笑打闹，甚至还会边踢足球边走路；有的同学占用比较宽敞的道路来打羽毛球，这样很容易妨碍车辆的通行，如果司机刹车不及时，就容易发生交通事故。

（2）弯道处不注意车辆。

学校里，机动车道和人行道是没有区分的，有些机动车在拐弯的时候车速较快，面对突然走过来的学生来不及刹车，就很容易造成事故。

（3）骑车带来的事故。

部分学生骑车载人，或者骑行速度过快，以及人行道与慢车道混用等现象，往往存在安全隐患。

❸ 预防校园交通事故

（1）车辆慢行。

机动车进校园，必须减速慢行，尤其是在拐弯处、事故多发地段。在校园内骑自行车也要慢行，在行人和车辆往来过多时，最好下车推行，防止和相反方向来的车辆相撞，也防止撞伤行人。开车和骑车时不要接打电话。

（2）学生走路要集中注意力。

学生在走路时要集中注意力，不要拉拉扯扯，或路上一字排开走。尤其在拐弯的地方，更要加倍小心。

（3）特殊天气时要小心。

雨天骑车最好穿雨衣，不要一手扶车把，一手撑伞。雪天骑车要与前面的车辆、行人保持较远的距离，防止刹车失灵造成事故。

雪天骑车要小心

第三章　校园安全之体育活动

一、体育课的安全措施有哪些

1 准备部分的安全措施

（1）体育教师课前应仔细检查上课所用器材和设施是否完好，排除运动场地的安全隐患。

（2）体育教师课前应正确摆放运动器材，对存在安全隐

各式各样的体育器材

患的器材要派专人看管。

（3）教师要例行查看学生的穿着是否合适，提醒学生不要带任何有碍运动的杂物，询问有无生病和身体不适的学生。对课上有明显危险的项目（如铅球、标枪等），教师一定要在上课的开始阶段重点强调安全并要求学生严格遵守相关的安全要求，让学生对可能发生的伤害有所了解，提高他们的安全意识。

（4）进入准备活动阶段，体育教师要根据气候条件、学生的生理和心理特点安排适宜的活动内容。例如，合理安排场地，避免活动形式混乱，教师应准确说明规则，活动进行中要有效地控制学生的兴奋度以避免伤害事故的发生。

❷ 主体部分的安全措施

（1）体育教师要根据学生的实际情况安排适当的课堂教学内容，避免出现超出学生能力以外的教学内容和运动负荷。同时，要考虑不同教学内容前后安排的合理顺序，预防因体力不支引发的伤害事故。

（2）体育教师的教法要得当，示范要准确，讲解要清晰，引导学生准确地理解动作要领并正确地进行练习。

（3）体育教师要加强课堂组织纪律的管理，避免学生在课堂上的散漫行为，严禁相互打闹嬉戏、不听教师指挥、冒险做没学过的技术动作等，做到防患于未然。

（4）体育教师要开动脑筋利用现有的或自制的辅助保护器具进行难度动作的学习和练习，尤其像器械体操一类的教学更需要教师多动手动脑。与此同时，教师要教授每名学生动作

的手法、站位与要领，以及危险出现时自我保护的方法，加强学生自我保护意识。挑选责任心和能力较强的学生担当体育骨干，并充分发挥他们的作用，配合教师做好保护与帮助工作。

（5）体育教师在课堂上，要始终保持敏锐的观察力，时刻注意学生的身体和情绪状况，发现问题及时解决。例如，避免长跑运动中由于身体突然不适发生伤害，或对抗性项目比赛中由于情绪激动，兴奋度过高，对自己或他人造成伤害等。

（6）体育教师要合理摆放上课时所用的器材，避免过于密集，引起学生相互冲撞；避免方位不当，造成太阳光晃眼；避免摆放不规范，导致学生受伤；避免危险器材随意放置，学生接触时引发伤害事故等。

小学的体育课

③ 结束部分的安全措施

（1）进入结束部分，教师要根据整堂课的运动负荷合理安排放松练习，要针对学生身心的疲劳程序选择合适的形式和内容。避免因体力不支或思想麻痹而导致伤害的发生。

（2）对课堂上出现的有碍安全的违纪行为要给予严肃的批评指正，引起学生的重视；对出现的危险情况，教师要加以分析，引以为戒，避免重蹈覆辙。

（3）课后，教师要妥善、及时地安排送还运动器材，杜绝学生在没有教师看管的情况下，擅自使用运动器材进行练习，防止意外发生。

二、发生体育运动事故的原因有哪些

学校体育运动事故是指在学校从事体育课、课外体育活动和体育比赛时发生的人身伤害。导致学生体育运动事故的原因比较复杂，集中体现在以下几个方面。

① 学校的管理存在不足

学校对于学生每天使用的体育场地、器材、设备没有定期检查、保养、修理和更换，导致器材设施存在严重的安全隐患。学校室外的体育器材，如单杠、双杠、爬杆、爬绳等，受日晒雨淋，时间久了就会减少使用寿命。学生在活动时器材一旦发生破损、断裂，往往会导致受伤。运动场地不平整或者有杂物，地面太硬或太滑，沙坑太硬或有小石头以及踏跳板与地

第三章 校园安全之体育活动

面不齐平等都会成为引发伤害事故的导火索。场地、器材由专人定时负责检查，可以避免很多潜在危险事故的发生。

② 体育设施、设备老化

学校体育设施、设备陈旧、老化，由于没有充足的经费而不能及时进行更新替换，教师只能利用现有的条件进行体育教学，极易导致学生伤害事故的发生。例如，生锈损坏的跨栏架绊倒学生，导致学生受伤；凹凸不平的海绵垫使学生扭伤脚踝等。

正规体育场上的教学

③ 学生自我约束能力差

学生在比赛中不遵守规则；在练习中打闹嬉戏；冒险做出超过自己能力的技术动作等，这些行为是造成别人或自己受伤的主要原因。

④ 学生缺乏安全运动的知识和技能

学生在睡眠不足或休息不好、患病带伤、伤病初愈阶

段或身体疲劳时参加剧烈运动，生理功能和运动能力都会下降，肌肉力量较弱、反应迟钝、身体协调性差等，会导致伤害事故的发生。

此外，很多学生没有吃早餐的习惯，饿着肚子上体育课，这也可能引发运动事故。

⑤ 教师缺乏对伤害事故的预见能力

体育教学中有的危险是不可预测的，或是人力不可抗拒的，如在上体育课时突然发生地震、无法躲避的雷击等。除此之外的大部分危险，体育教师都可以凭借经验预见到，并加以有效地预防。体育教师对潜在危险没有一定的预见性也是导致体育伤害事故发生的因素之一。

⑥ 教师缺乏足够的责任心

教师对学生安全无微不至的关怀和周密细致的工作，是来自于他们对学生的关爱，只有关爱学生才有真正的责任心，只要教师有了责任心，才会有周密的安全对策，学生的安全才有最基本的保证。

⑦ 教师业务能力不足

要保证学生的安全，光有爱心和责任心是不够的，教师还要有丰富的专业知识和高超的安全保护技能，包括对场地和器材进行安全布置的技能，对运动器材进行检查和保养的技能，对学生的身体和技能状况进行准确判断的技能，把握教材的难易度与进行教材安全化处理的技能，对各种危险进行准确预测的技能，对各种动作练习进行安全保护的技能，让学生进行相互保护的技能，对紧急伤害事故进行正确的初步处理的技能等。如果缺乏这些业务能力，伤害事故随时都有可能发生。

三、安全运动应注意什么

如果想让身体变得更健康，那就要进行运动。然而，如果运动不当，也会引起机体损害。青少年在参加运动之前一定要对身体进行详细的检查，确认身体健康后再进行科学合理的运动。

青少年时期，特别是初中阶段，是身体发育最重要的阶段。这个年龄段的学生进行运动，最需要注意的就是运动强度问题，如果运动强度过大会造成身体的疲劳，给机体代谢造成负担，进而影响身体发育；如果运动强度合适，则会促进身体的生长发育。

为保证健康有效地运动，青少年应注意以下事项。

1. 注意饮食

有些人认为，想要身体壮就应在运动前多吃肉。其实，这是一种错误的想法。运动前进食大量的肉类，肌体不仅难以消化吸收，运动时还会使得胃肠的负担加重，引起腹痛、胃病等。另外，一些易引发胀气的食物在运动之前也不要多吃，如韭菜、薯类、豆类……它们会使肠道充气而造成运动时腹痛。鉴于人体在运动的时候会有大量的酸性物质堆积，运动

合理的食物搭配

前后应该适当摄入碱性食物，如西瓜、黄瓜、萝卜、香蕉、梨、苹果、南瓜、土豆、牛奶、豆腐、海带等。

在这里需要特别提醒的是，运动前切忌吃得太饱或空腹。如果想要做运动，那么就提前两小时吃东西。另外，一定要吃早餐，这对运动来说是非常重要的。

在游泳前不要喝太多饮料，否则可以导致因想呕吐而呛水。

在进行体育锻炼的时候，一定要穿舒适和厚度适中的运动衣服和鞋袜。运动鞋不仅要选择合适的尺码，鞋面还要柔软，鞋底应防滑、减震。

③ 运动环境的安全

在进入运动场地之后，一定要确认场地设备是否符合各项体育运动的规范，并检查运动器材有无断裂、不平整、松动、生锈等现象。

④ 运动前饮水

在运动过程中，会出大量的汗，消耗体内的水分，在运动之前需要补充一定的水分。在运动过程中，如果口渴了，也要及时饮水，但是量不能过大。

⑤ 运动前准备活动

运动前要适当地做一些准备运动，热身可以防止受伤。

一般性的热身运动包括步行、慢跑或慢速做常规运动。特殊性的热身运动一般以伸展运动、与主要运动项目有关的运动为主。

⑥ 健康运动进行时

在运动的过程中，应注意对关节的保护，避免关节过度屈伸，膝、踝关节要有缓冲。

运动不能过于频繁，如果运动时间过长，容易引起运动过量综合征，甚至会降低人体免疫力。

⑦ 运动后舒缓运动

运动结束后要进行一定的身体保温，做一些缓和的静止

前运动,并应重复伸展运动。在这个过程中,身体逐渐恢复静止状态。有些人在运动过后马上就洗冷水澡、吹电扇,或冬天运动后到室外吹风等,这些行为会严重损害人体关节。由于在运动的过程中,全身的毛细血管都舒张开了,如果受到寒冷刺激,容易导致关节炎。

四、运动时如何科学着装

运动着装可以比较随意,但要讲究科学性。得体的鞋和衣服,对运动的身体有支持和保护作用。

美观的运动着装

有些中小学生穿着皮鞋、裙子上体育课，这不但不美观，还存在着很多安全隐患。例如，上体育课难免蹦蹦跳跳，这时候如果穿着皮鞋，不但运动起来不方便，对脚也起不到保护作用。确保中小学生的运动健康，就要从规范运动着装开始做起。运动时如何着装才算科学呢？

1. 选择散热性好的运动服

运动时的科学着装首先要注重服装的材质，中小学生在选择运动服装时，最好选择散热性较好的材质做成的运动服装，尤其避免纯棉材质的服装。尽管纯棉服装的吸汗功能很好，但所吸的汗水并不能快速散发出去，会造成运动时汗水黏附在皮肤上，使得皮肤逐渐变冷，难以保温。尤其是在寒冷的冬季，穿着纯棉料的服装反而更容易使人在剧烈运动后着凉，引发风寒感冒、头痛等。

2. 不要只穿一身运动服

许多中小学生认为身体一运动起来，就不会有寒冷的感觉，穿一身运动服就可以了。但是，人体在户外运动时产生较多热量的时候仅在运动中段，在运动前期和后期体温容易受到外界温度的影响，如果防护不当，就会因人体温度的剧烈变化而生病。

3. 冬季注意保暖

冬季运动与夏季不同，穿衣不能过少，最好多穿几件薄衣服。多层衣服比单层衣服有更强的保温能力，而且在运动中

感到热时,可以脱下几层衣服。戴帽子、手套能防止身体热量散失。

五、各种体育项目训练时应注意什么

体育课是锻炼身体、增强体质的重要课程,其训练的内容多种多样。因此,需要注意的事项也较多。

① 跑 步

要按照规定的跑道进行,不能串跑道。以免相互挤撞,造成不良的后果。

特别是快到终点冲刺时,更要遵守规则,因为这时人身体的冲力较大,精力又集中在竞技之中,思想上毫无戒备,一旦相互绊倒,就可能导致严重受伤。

② 跳 远

要严格按老师的指导助跑、起跳。起跳前前脚要踏中木制的起跳板,起跳后要落入沙坑之中,这样不仅可以保护自己的安全,而且还可以提高跳远的成绩。

③ 投掷训练

在进行投掷训练时,如投铁饼、铅球、标枪等,一定要按老师的口令进行,不能有丝毫的马虎。这些体育器材有的坚硬沉重,有的前端装有尖利的金属头,如果擅自行事,就有可能击中他人或者自己被击中,造成严重的后果,甚至有生

短跑冲刺

命危险。

4. 球类运动

参加篮球、足球等项目的训练时，要遵守一定的规则，学会保护自己，且不要在争抢中伤及他人。

5. 垫上运动

前后滚翻、俯卧撑、仰卧起坐等垫上运动的项目，做动作时要严肃认真，不能打闹，以免发生扭伤。

6. 单杠、双杠锻炼

为了避免从单杠、双杠上摔下来导致受伤，在进行单杠、双杠训练时，器械下面必须准备好厚度符合要求的垫子，若直接摔到坚硬的地面上，会伤及腿部关节或后脑。

做单杠、双杠动作时，要采取各种有效的方法增大摩擦力，使双手握杠时不打滑。

7. 跨越训练

在做跳马、跳箱等跨越训练时，器械前要有跳板，器械后要有保护垫，同时要有老师和同学在器械旁站立保护才可以进行。

六、运动会上学生应做好哪几点

运动会属于大型和综合性的体育竞技活动。与体育课相比，运动会的竞赛项目多，持续时间长，运动强度大，人员流动频繁。所以，要教育学生在参加运动会时，不仅要努力赛出好成绩，还要遵守纪律，听从指挥，注意安全，避免各类运动事故的发生。

1. 参加比赛的同学

（1）运动会的项目多，而每一位运动员参赛的项目只有一项或几项，轮到自己上场时有一个等待的时间，要利用临赛前的这段时间做准备活动，让身体各部位充分活动。

（2）在自己上场前的等待时间里，注意身体的保暖。为上场方便，穿好轻捷的运动衣裤，再披好防寒外衣。

（3）临上场前的半小时内，可以吃些巧克力，以增加热量，夏天可以喝些冷饮，但都要适量，切不可进食太多。

（4）比赛结束后一定要做好整理活动，如慢慢走一走，切不可立即坐下来，哪怕是极度疲劳，也要强迫自己走一走，使剧烈跳动的心脏逐渐恢复平静。

比赛前可以吃少量巧克力补充能量

② 无比赛项目的同学

无比赛项目的同学不要在赛场内穿行、玩耍，以免被飞来的铅球、标枪等砸伤，也可以避免和正在比赛的运动员发生碰撞。

第四章　校园安全之学生心理健康

一、学生有哪些常见的心理问题

1. 学习竞争产生的过度焦虑

根据研究资料可以得知，很多中学生都存在心理焦虑的问题。这个问题的产生很大程度上源于学生学习竞争加剧，学习负担过重，而且学校、教师、家长和学生自己又特别看重成绩，这就给中学生带来了很大的心理负担，从而引起焦虑。

2. 人际关系焦虑

如今的学生许多都是独生子女，父母过度的宠爱使他们养成了以自我为中心、不关心他人、依赖性强、不理解他人等性格。另外，也有很多学生出现了孤僻、不合群的情况。这些情况都会阻碍他们的人际关系。很多中学生由于无法正确处理人际关系中出现的问题而感到苦恼不已，导致很多恶性事件的发生，如离家出走、自杀等。

3. 自责倾向

自责倾向是指当发生不如意的事情时，经常认为自己不好，对自己所做的事抱有恐惧心理。通常来说，自责倾向是由于对失去别人的关爱与认可的不安而造成的。当学生得不到别人的认可时，往往出现自责倾向。

4. 挫折感

挫折出现的原因有很多，有客观原因，也有主观原因。在挫折面前，很多学生都会感觉孤苦无依，以消极的方式对待挫折，但也有能做到积极应对的。消极的处理方式一旦成为习惯，将会对人的一生产生影响。

学习压力需要平衡

5. 与父母、师长形成的心理矛盾和冲突

很多中学生之所以会存在心理问题，很大部分原因是无法与父母、老师做到良好沟通。随着年龄的不断增长，这种矛盾会变得越来越突出。现在许多学生在情绪情感方面主要的心理问题有抑郁、焦虑、易怒、羞怯、嫉妒、恐惧……在行为方

面也存在很多问题，如过失行为、说谎行为、偷窃行为、攻击行为、破坏行为、逃学行为……

二、如何提高学生的心理素质

1. 学生方面

（1）树立正确的人生观，始终保持开阔的心胸，提高对心理冲突和挫折的忍受能力，热爱生活，热爱学习。

心理课

（2）充分认识自己，正确评价自己，有自知之明，不自卑也不自负。

（3）积极交友，宽容待人，善于与他人交流思想、感情,相互帮助,相互学习。

(4)积极培养自己的各种兴趣爱好,如琴棋书画,参加有益的娱乐活动,积极参加各种体育活动。

(5)多读优秀的文学、艺术作品,陶冶情操,树立远大的理想。

(6)学会思考,爱动脑筋,学会全面分析复杂问题,要做好遭受挫折的思想准备。

2. 家长方面

(1)家长不宠孩子,从小不过分迁就孩子,不使孩子养成任性、什么都以自己为中心的坏习惯、坏脾气。

(2)要让孩子参加劳动,即使孩子在劳动中受了点伤害也不能中止,要让孩子吸取教训,接受艰苦的磨炼。

(3)要教育孩子尊重他人,首先从尊敬长辈、尊敬老师做起,教育孩子懂得尊重他人的劳动成果,进而要求孩子爱护财物,培养勤俭节约的品质。

三、如何正确认识自己

1. 与他人进行比较

在日常生活中,我们经常会说"有比较才会有差异"。同样,在认识自己的过程中也可以使用比较的方法。通过与他人各方面的比较,可以找到自身的优势,同时也会发现自己的不足。在比较过程中,主观色彩较为浓厚,但其能认识自己的

作用是不可否认的。当然,这种比较有一个大忌,就是与各方面条件都比自己好的人做比较,其比较的结果是越比较越伤心。

② 看他人对自己的评价

每个人都希望从他人那里得到中肯的评价,同时也在乎别人对自己的看法。别人的评价比自己的评价更为客观。如果自己评价与他人评价较为相似,说明自我认识能力比较好,如果评价相差过大,说明自我认知上有偏差,需要调整。当然,一个人对待别人的评价也要有认知上的完整性,千万不能只注重一方面的评价,而是要全面听取,综合分析,只有这样才能对自己做出全面评价,进而加以改进。

认识自己

③ 通过生活经历了解自己

如果想要了解一个人的性格或者是特点,则需要看他们在成功和遇到挫折时候的表现,同样,我们也可以根据自己的表现来探索自己的性格特点。在反思和检查中重新认识自我,认识自己的长处和短处,把握自己的人生方向。

四、如何正确与人交往

很多学生是家里的独生子女,从小受到来自家庭成员的爱护与关心,常常以自我为中心去考虑问题,坚信自己的判断,不屑于考虑别人的意见或做法,不善于进行自我分析和自

人际交往讲座

我批评,不善于与人相处。还有些同学,在人际交往中不自信,不知如何增加自身的魅力,无法融入各种交际场合。

此外,受到经济观念的冲击,社会上有很多人过分看重物质利益,这种不良心态通过家长和社会传媒的作用也会对学生产生影响,使一些学生把享受、金钱放在首位,做事不考虑别人的需要,总把别人当作自己的对手,看到别人有困难,不愿伸手援助,甚至还会暗自得意,等着看别人的笑话。

从进入学校之初的迷茫,到学习生活中的冲突,再到毕业面临找工作时的矛盾,这些人际关系问题一旦处理不好,就很容易出现孤独、嫉妒甚至敌对和仇视情绪,严重的还会危害到别人的人身财产安全。

随着经济的飞速发展,社会分工的高度细化与合作的日益密切,现代人不需要什么都亲自掌握,但必须学会与他人良好相处,要学会与别人沟通,从内心深处尊重他人、理解他人、帮助他人。生活、学习、人际交往过程中的挫折是难免的,但保持一种健康、积极的心态,就可以构建相互信任、相互理解的人际关系。与人相处,同学们要牢记下面的关键词并体现在行动上:真诚,宽容,尊重,关怀。

1 心中有爱

"爱"是一个永恒的话题,失去了爱,世界将一片灰色。有一首歌唱道:"只要人人都献出一片爱,世界将会变成美好的人间。"同学们要学会爱,学会宽容、理解、关心他人。

② 学会倾听与拒绝

尝试着以善良的心去倾听和交谈，注意不要泄露他人的隐私，坦诚地接受别人的批评，发现别人身上的闪光点，真诚地赞美他人。学会拒绝，以最合适的途径说"不"。

③ 有同情心

同情心是保证人与人交往的情感基础。孟子说："恻隐之心，人皆有之。"当他人遭遇不幸时，我们总是感到十分伤感。同情心使我们置身于他人境地，与之同哀乐、同甘苦，并努力帮助他人渡过难关。切不可奉行所谓"事不关己，高高挂起"的庸俗哲学，对他人的不幸表现冷漠。当今的世界仍存在着太多的苦难，如果我们不能去感受它、关注它，那么当苦难降临到我们头上时，我们又将如何去承受这一切呢？

五、如何做一名让老师喜欢的学生

① 培养尊师的真挚感情

古往今来，作为"传道、授业、解惑"的老师，都希望自己的学生"青出于蓝，而胜于蓝"。学生只有尊重老师的辛勤劳动，才能不辜负老师的期望。人不可能十全十美，老师也不例外，对于老师的过失，学生也应该原谅。

② 学会与老师沟通的技巧

与老师交流中最重要的一点,是要学会适当地表达自己的要求与意见。这里说的适当包括恰当的时候,恰当的语气和表述,以及恰当的行为表现等。不要在老师批评你的时候,反而向老师提出要求,这样会给人一种不礼貌,甚至是耍无赖的感觉。

尊敬老师

③ 老师批评时应虚心接受

当听到老师的批评时,首先要客观、冷静地分析,老师为什么要批评自己,自己哪些方面做错了,发生错误的主要原因是什么,自己应该从中吸取哪些教训,怎样做才最有利于解决问题。

④ 协助老师工作

帮助老师了解班级真实情况，负责任地提出自己的建议，做老师的小帮手。

六、怎样解决师生冲突

教师与学生一般都有比较融洽的关系。教师任劳任怨地付出就是为了学生的健康成长。学生要不辜负教师的期望，以自己的努力成就自己，回报教师的关爱。但是，师生之间也会有矛盾，有时候这种矛盾还会很激烈。

① 为什么师生之间会发生矛盾

（1）从学生方面看。

有的学生在家十分受宠，受到父母溺爱，养成以自我为中心的性格。一旦受到老师批评，就会觉得自己受了很大的委屈，会对老师产生不满情绪。此种情绪累积到一定程度，老师某次一句无心的话，一次令他不满的决定，甚至一个不经意的动作，就会成为他"爆发"的导火索。

（2）从教师方面看。

少数教师对学生缺乏耐心，教育方法简单粗暴，不管学生的心理能否承受。

（3）双方在沟通上的问题。

原本师生间并没有什么根本性的利益冲突，很多矛盾的激化大多与临场的语言沟通有关。一言不合，没有能够忍让对

和谐融洽的师生关系

方，也没有从对方的角度多想一想，反而用更加激烈的语言去刺激对方，最后往往造成矛盾激化难以收场。因此，理智与克制是师生双方良好沟通的关键。

② 解决师生之间矛盾的办法

出现矛盾并不可怕，如何解决矛盾才是最重要的。作为具有自立能力的学生，在问题面前不应该退缩回避，也不应该满不在乎。记住，学生在学校不仅要学习知识，也要学习如何与人相处，如何解决纠纷。因此，师生矛盾出现以后，应该冷静下来，想出解决问题的办法，而不是沉浸在愤恨、不安或恐惧之中。那么，有什么办法可以解决这些棘手的矛盾呢？

要想解决矛盾，就要先分析一下矛盾产生的原因，需要对解决的难度有一个基本判断,再选择合适的方法。

(1)看是偶然的口角还是长期的纠葛。

如果是偶然的口角,属于一时气愤,情绪冲动而失控,这种问题好解决。只要真诚道歉,让老师充分理解自己的内疚以及悔过的决心,一般而言,老师就不会追究。如果是长期的纠葛就属于疑难问题了。这需要教师和学生共同努力沟通解决。

(2)弄清楚责任的多少。

是自己的责任更多一些,还是别的同学要承担更多责任?或者是教师应该承担更多责任?如果责任在自己和同学,首先同学之间要坦诚协商,达成共识,大家应该主动承担责任,然后到老师那里承认错误。

美丽的校园需要师生共同来维护

如果是教师的责任比较多，或者错误比较严重，学生可以在家长的陪伴下，双方坦诚交流。学生应当首先承认自己的错误，说出自己的真实想法，以得到老师的理解，从而为解决矛盾奠定基础。

七、怎样处理同学之间的矛盾

在我们日常的生活和学习当中，无时无刻不存在着矛盾，有些矛盾的存在具有推动作用，有些矛盾的存在具有破坏作用，有些矛盾会表现出来，而有些矛盾会隐藏起来。不管怎样，我们都希望矛盾得到解决，只有这样，大家才能共同进步，安心学习。

同学之间有了矛盾，有时会越处理越糟糕，这是因为中

正确处理同学之间的矛盾

小学生的心智发展还不成熟，不能很好地认识事情的好坏。那么，如何正确处理同学之间的矛盾呢？

1. 对当事人而言

（1）学习、生活中的一些小矛盾，要马上解决，不要让矛盾堆积，更不要让矛盾激化。

（2）和同学闹矛盾时，要保持冷静。俗话说：一个巴掌拍不响。不能把错误一股脑儿都推给对方，也要想想自己做得是否正确。如果能这样"换位思考"，矛盾就会很顺利地解决。

（3）矛盾发展到僵持阶段的时候，如果影响了自己的正常学习，不妨主动和同学沟通，也可以向老师、家长和学校寻求帮助，使双方矛盾得到解决。

（4）矛盾发展到一触即发、不可收拾的时候，要努力克制住自己的情绪，尽力打破僵局。不要通过打架来解决矛盾，打架只会让矛盾升级，两败俱伤。

2. 对旁观者和知情人而言

对于其他同学之间的矛盾，我们也有一份责任。大家同在一个校园或班级学习，这是一种缘分，而矛盾只会伤害同学之间的感情。如果你是一个旁观者和知情人，看到这种情况时，应尽量对他们进行劝说、制止。如果劝说无效，为了避免他们之间发生打斗，要及时告诉老师或学校领导，这样会让事情得到更好的解决。如果只是在一旁看热闹，或隐瞒事实，那无疑会使事情变得更糟糕，造成矛盾升级。如果别的同学发生

互帮互助，共同协作

了激烈的打架斗殴，不要在一旁助威，更不要参与进去，这样做不仅违反了学校规定，而且很容易让你受到牵连和伤害。

③ 男女情感引起的矛盾

有一类矛盾比较特殊，即男女情感引起的矛盾。对升入初中的同学而言，进入了青春期，有些同学过早地谈起了恋爱，而早恋往往都不会有太圆满的结果，这容易使双方都产生怨恨或悲伤的情绪，有些想不开的同学甚至走上了轻生的道路。而一些不成熟的同学还会因为某个心仪的对象大打出手。同学们应该理智地对待自己的感情，不能任其泛滥，否则对自己和他人都不利。男女同学之间应建立良好的关系，把心思放在学习上。

校园安全之学生心理健康

同学们,愿大家珍惜彼此之间的友谊,有矛盾要及时合理地解决,让自己快快乐乐地度过每一天。

八、如何培养自信心

1. 接受来自各方面的挑战

在集体活动或社会实践中,尝试做自己以前没有做过的工作。即使失败了也不要紧,事后总结经验教训,以后就会越做越好。

2. 时刻想着集体荣誉

要时刻提醒自己是集体中的一员,集体的荣誉就是自己的荣誉,这来之不易的荣誉,也是自己努力才得来的。

3. 不断地完善自我

总结经验时,如果把成功归因于自己聪明、能力强、运气好等因素,就会产生侥幸、自负自满的情绪;如果把失败归因于自己笨、能力低、运气不好等因素,则有可能因此而丧失学习信心、放弃努力、自暴自弃。因此,无论是面对成功还是失败,都要保持清醒的头脑、健康的心理,以积极的心态去面对暂时的成功或挫折,合理地调整对自己的要求,正确拟定下一步努力的方向。

九、如何将你心里的自卑"赶走"

1. 培养自尊心和自信心

（1）从培养兴趣入手。

兴趣可以激发人的创造热情，培养中小学生多方面的兴趣和爱好，既可以转变学生的厌学心理，又可以积累广博的学识，培养出多种才能，因而也就不会因知识贫乏和见识缺少而自卑。

（2）发展自己的特长和优势。

自卑者要善于归因，检查自己缺乏自信、产生自卑的原因，这样有助于克服自卑心理，认识与发展自己的特长和优势。

（3）培养成功心理。

成功了第一次，就会增强人的自信心，从而积极主动地锻炼能力，最后让自信心代替自卑感。当面临某种情况感到信心不足时，不妨自己给自己壮胆："你一定会成功！一定会！"用行动证明自己并不比别人差，自卑感也就大大减轻了。成功经验的不断积累，可以不断消除自卑心理，增强自信心。

2. 正确评价自己

（1）正确看待差异。

正确对待自己能力上的差异，全面认识和评估自己。

以人为镜，可以明得失

（2）正确地补偿自己，理智地对待自己的缺点。

所谓"补偿"就是发挥自己的才能特长，弥补自己生理上或智力上的缺陷，同时消除烦恼或痛苦等情绪。盲人失明，耳朵就特别灵，这是生理上的补偿功能。人的心理也一样具有补偿功能，具体做法就是"以勤补拙"和"扬长补短"。

十、如何正确面对挫折

日常生活中，人们经常会互祝万事如意、一帆风顺、心想事成。但实际上，这种祝福只是人们美好的心愿。在实际生活中，人们往往因为各种原因，很难一帆风顺。就学生而言，遭受的挫折可能有：学习成绩下降、人际关系不良、家庭变故、患病伤残等。如果不能正确地对待挫折，有可能造成严重的后果，轻者影响学习和生活，重者攻击他人或伤害自己，甚至造成人格的扭曲，影响一生的幸福。所以正确认识挫折，掌握应对挫折的技巧和方法，同时提高心理的承受能力是十分必要的。

1. 挫折的表现

（1）压抑。

内心很苦，用时髦的话说，叫"郁闷"。一个人坐在那儿，不愿与他人说话，情绪低落，甚至独自落泪。这是常见的心理反应，自我压抑，不利于身心健康。

（2）攻击。

攻击是当个体遭受挫折后所采取的一种较为激烈的行为方式。当个体受到挫折后，经常会引起愤怒的情绪，从而对引起挫折的人或事物发起攻击，如怒目而视、开口骂、动手打，以发泄心头的不满。攻击可分为直接攻击与转向攻击。如课外运动时发生争执，

逆境中攀登

由争吵谩骂发展到群殴，结果造成多人严重受伤的局面，这是直接攻击的典型案例。有些同学因考试不理想，或受到老师批评，心理不平衡就撕书本、摔文具，或在同学间无端发泄，从而使被攻击者成了无辜的"替罪羊"。

 应对挫折的方法

（1）寻求帮助法。

遇到挫折，要积极主动地寻求他人帮助。比如在学习中遇到某个问题，怎么办？找人问，同学、老师、家长都能帮你。

（2）自我激励法。

把挫折、不幸当作锻炼自己的机会，"天将降大任于斯人也，必先苦其心志，劳其筋骨，饿其体肤"，世界上凡是成

长风破浪会有时

功之人没有谁未曾经历波折、痛苦，面对这些小小的困难，要自我激励。

不经风雨怎见彩虹，挫折虽然使人内心痛苦、情绪紊乱、行为偏差，但它能够引导我们不断提高认识能力、增长才干。巴尔扎克曾经说过："世界上的事情永远不是绝对的，结果完全因人而异，苦难对于天才是一块垫脚石，对于能干的人是一笔财富，对于弱者则是一个万丈深渊。"鲁迅也曾经说过："伟大的胸怀，应该表现出这样的气概——用笑脸来迎接悲惨的厄运，用百倍的勇气来应付一切不幸。"

名人名言说明一个道理：挫折，既能毁掉一个人，也能激励一个人成就一番事业。其中的关键在于我们如何对待它，遇到挫折后，自我逃避与自我防御均是消极的反应，我们提倡积极地面对挫折，将挫折变成动力，在挫折中不断增强自己的心理承受能力。

第五章　校园安全之自然灾害

一、自然灾害会带来哪些伤害

① 造成师生人身伤亡

如2007年5月的某天，某小学突遭雷击，造成7名学生死亡，44名学生受伤；2008年4月下旬的一天，某小学学生宿舍因雨水浸泡倒塌，导致1名学生死亡，4名学生受伤。

② 造成学校财产损失

如汶川大地震不仅夺去了许多师生的生命，还使灾区学校的教学楼、学生宿舍、食堂等建筑物大量倒塌，输电线路、校园道路、田径运动场等被损毁。

③ 破坏学校的教学秩序

如强台风来袭时，学校可能被迫停课；暴雨倾盆导致山洪暴发，师生被迫迁往他处；2008年年初，我国南方一场50年罕见的冰雪灾害，造成了南北交通动脉的大堵塞，成千上万的大学生滞留学校不能回家过年；2008年3月20日，黄河内蒙古杭锦旗奎素段堤防发生两次溃堤，受洪水威胁的600多名中小学生全部转移至旗政府所在地锡尼镇的数所学校。

冰雪灾害

4 给学生留下心理阴影

如当雷电来袭时，刚刚还在上课的一些同学顷刻间遭受雷击，目睹如此惨状的其他学生会被紧张、恐惧、悲观、无助的情绪所包围，其心理痛苦是常人所难以理解的。汶川大地震后，很多孩子对身处楼房室内产生恐惧和抵触情绪，有的孩子在房间里无法入睡，甚至哭闹不止。

二、在学校如何应对高温天气

1 什么是高温天气

在气象学上，日最高气温在35 ℃以上时可称为"高温天

高温天气

气"。如果连续几天最高气温都超过35 ℃，可称作"高温热浪"天气。

高温预警信号分为三级，分别以黄色、橙色、红色表示。其中，高温黄色预警信号的标准是，连续三天日最高气温在35 ℃以上；高温橙色预警信号的标准是，24小时内最高气温升至37 ℃以上；高温红色预警信号的标准是，24小时内最高气温升至40 ℃以上。

② 校园学生应对高温天气的措施

（1）暂停户外大型集会。

（2）过强的紫外线容易导致皮肤病，因此应尽量减少午后高温时段的户外活动，尽量留在室内，外出时要打遮阳伞，穿浅色衣服，戴宽檐帽。

（3）选择适合校园的降温方法，比如向地面洒水等。

（4）注意作息时间，保证睡眠；暂停消耗大量体力的活动。

（5）浑身大汗时，不宜立即用冷水洗澡，应先擦干汗水，稍做休息再用温水洗澡。

（6）不要过度饮用冷饮，建议多饮凉开水、淡盐水、白菊花水、绿豆汤等。

三、在学校遇到地震怎么办

1 地震来时的避险方法

（1）学生自救。

在学校遇到地震时不要大呼小叫、惊慌失措，一定要服从老师的指挥；快速躲到教室内、楼道内的三角区，然后抱头蹲好，最好把眼睛也闭上，以防地震时灰尘、砂粒进到眼睛里；千万不能着急往教室外面跑。

（2）学校领导和教师怎么做。

学校的领导与教师都必须保持冷静，在抉择上必须果断。在平时教学时要结合各种教学活动，以各种方式向学生们讲述避震的知识。在地震发生前一定要安排好学生们撤离的路线和场地，这样在发生地震时便可以有效地指挥学生，做到有秩序地撤离。如果身处非常坚固、相对比较安全的房间里，可以暂时躲避在课桌下、讲台下，一定不要到处乱跑，更不能跳楼。

（3）躲避时的注意事项。

躲避时还要注意很多事项，每个学生都应该掌握。在避震时，先要尽快找到相对坚固的物体，可以做支撑、做掩体的

第五章 校园安全之自然灾害

地震自救演习

地方，然后躲在由它们构成的安全三角区内，如墙角、管道旁、柱子下等，双手此时要抱好头，当感觉地震结束后，要立即抱头弯腰跑到开阔地带，跑出去后一定不要再返回楼房。倘若地震后你被埋在建筑物里面，先想方设法把压在腹部以上的物体慢慢清除，动作不能太大，否则很容易造成二次伤害。在躲避时最好用毛巾（如果没有毛巾，可以用衣服、围脖等）捂住口鼻，防止吸入过多烟尘导致窒息。在被压的这段时间里要注意保存体力，仔细想想能不能找到食物和水，为自己的生存创造条件，尽量让自己安静下来等待救援。

倘若在楼层较低（2层）的教室里的学生，在情况危急时可以考虑跳楼，以此来增加生存的概率。防震知识必须在中小学生群体中得到普及，作为学生一定要有认真学习的优先意识，好好配合学校组织的各种防震演习。

❷ 北京某小学避震演练案例

每年的5月12日是全国"防灾减灾日"。伴随一阵刺耳的警报声,北京西城区的某小学开始避震演练。

此次避震演练的主题为:学习避震自救知识,掌握危境脱险技能。这次避震演练明确分为以下几个步骤。

(1)师生一起学习避震自救儿歌。

(2)以班主任为领导,从学生中选出两位小组长协助班主任,将学生分为两个小组,以便逃跑时有序撤离。

(3)老师宣读避震注意事项和逃生的路线与避震场所所在地等。

(4)全体教师员工各负其责,分别在各通道口站好,准备疏导学生有序撤离。

(5)警报声响起,全体师生在3分钟内要撤离教学楼。

(6)撤离后教师清点学生人数,看有没有掉队的学生。

幼儿的自救演习

避震演练

（7）演练后认真总结，及时解决遇到的问题。

在避震地点学校需要准备必要的救灾物资，如食物、水、医药用品、防寒用品、各种工具等，这样在留在安全区时生命便不再受到威胁。

四、在学校如何应对台风灾害

1. 台风的特点

（1）台风（包括热带风暴）一般发生在夏秋季节，最早发生在5月初，最迟发生在11月。

（2）台风中心登陆地点很难准确预报，台风的风向时有变化，常出人预料。

(3）台风登陆时的风向一般先北后南。

(4）台风对不坚固的建筑物、架空的各种线路、树木、海上船只、海边农作物等破坏性很大。

(5）强台风发生时常伴有大暴雨、大海潮、大海啸。

(6）强台风发生时，易造成人员伤亡。

台风

② 校园应对台风的措施

(1）注意收听、收看有关台风的天气预报，做好预防工作。

第五章 校园安全之自然灾害

（2）校园主要建筑物需要加固的部位及时加固，关好门窗。

（3）疏通校园排水设施，保持排水设施的通畅。

（4）准备好食品、饮用水、照明灯具、雨具及必需的药品。

（5）要尽可能待在室内，减少外出。

（6）遇有大风雷电时，要谨慎使用电器，严防触电。

（7）密切注意校园周围环境，在出现洪水、山体滑坡等自然灾害时，要及时组织师生转移。

（8）台风过后，要注意校园卫生防疫，减少疾病的传播。

台风登陆

第六章　校园安全之被害预防

一、什么是被害预防

① 学生被害预防的概念

被害预防是指公民、法人或某一组织，及社区、国家乃至全社会，为消除易遭犯罪侵害的各种因素和条件，以避免刑事被害所作出的各种积极防范性努力和措施的总和。

中小学、幼儿园被害预防就是中小学、幼儿园和教育行政机构以及中小学、幼儿园学生及其家长，为保证学生的安全，主动采取的消除犯罪诱因，减少犯罪侵害的各种防范活动的总和。

② 中小学、幼儿园学生被害预防的特点

（1）中小学、幼儿园被害预防的防范主体下至学生个人，上至学校、国家和全社会。

（2）中小学、幼儿园被害预防的防范对象既包括对加害人和潜在加害人一方的防范，也包括对潜在被害人一方进行教育帮助性的防范。

被害预防教育

（3）中小学、幼儿园被害预防的防范形式有被害前预防、被害中预防、被害后预防。

（4）中小学、幼儿园被害预防的防范途径分为学生个体预防、学校预防、政府和社会预防。

3 侵害易发生的地点

教室、实验室、体育馆、食堂、宿舍、学校周边及娱乐场所都是侵害中小学、幼儿园学生事件的高发地点。

4 侵害易发生的时间

学生上学、放学的时候；节假日、寒暑假的时候。上述时间学生单独行动的时间多，犯罪分子容易下手。

二、被害预防的形式是什么

1 被害前预防

它是指在被害发生之前对被害加以超前防范。

（1）认识自身弱点。

中小学、幼儿园学生体力、智力都不如成年人，因此在思想上要提高防范意识，提高被害预防的警觉心，时时有防范心理，处处需小心谨慎。在行动上要保持正确性，行为规律性不宜过于明显。发生侵害情况时不刺激犯罪分子。

（2）慎入犯罪高发场所。

中小学、幼儿园学生要严格自律，不去犯罪的高发场所和偏僻地点，如网吧、酒吧、游戏厅等，尽量避免晚上单独行动。

遭遇暴力危害能跑则跑

2 被害中预防

指在被害发生之时对被害全力防范。它有助于减轻被害

第六章 校园安全之被害预防

甚至完全避免被害。

被害中预防要注意的事项主要有以下两个方面。

(1) 尽量逃避。

在遇到犯罪情境时，要教育中小学、幼儿园学生尽快逃脱，迅速脱离侵害现场，以免造成人身伤害。面对侵害，不适当的反抗往往是不明智的。被害人的反抗可能会使罪犯应激杀人，因此"打不还手"无疑是明哲保身的做法。

(2) 适时求救。

根据具体情况，如针对抢夺、盗窃等犯罪行为，要大声呼救，向周围的人求救，但也要注意避免刺激犯罪分子，以防他们对自己的人身造成伤害。

3. 被害后预防

指在犯罪侵害已经实施终了、被害已成事实的情况下，对再度被害、重复被害以及恶性逆变等加强防范。被害后的预防措施有以下几种。

(1) 及时报告学校、家长。

发生犯罪事件以后，要及时向学校和家长报告，让他们采取有效的措施，防止在同一地点和时间再次被害。

(2) 积极向警方报案。

如果不报案，会让犯罪分子逃脱法律的制裁，下次可能还会遇到同一犯罪分子的侵害。如果发生多次甚至可能形成固定的犯罪分子和犯罪对象，对自己更加不利。

公安机关在打击犯罪的同时，应做大量宣传工作，指导中小学、幼儿园学生应对突如其来的侵害，提高自我防范意

识。把一些行之有效的预防侵害的方法教给学生，是预防被害的一个行之有效的手段，也将有助于改善家长及社会公众的安全感。

三、针对学生的犯罪类型有哪些

学生由于自身的特殊性，针对他们实施的犯罪行为与针对其他被害人实施的犯罪行为有所区别，从目前的一些情况来看，针对校园学生的犯罪行为有以下几类。

① 校外人员对学生实施的暴力行为

这一现象主要是指一些校外的闲杂人员或非法商家，为了一定的物质利益、满足欲望或为了发泄心中不满而对不谙世事的中小学、幼儿园学生施行的身心侵害行为。主要表现在两个方面：其一，一些非法之徒窜入学校或在学校附近、学生上学或放学的路上，抢劫中小学、幼儿园学生的财物，对学生进行人身侵害、人格侮辱等；其二，在文化娱乐活动中，一些商家为了在竞争中取得优势，纷纷将兜售目标定位于广大中小学、幼儿园学生，其中不少人用色情产品诱骗学生以牟取暴利。

② 教育、教学过程中实施的暴力行为

此类校园暴力主要是指在教育教学过程中，教师或家长采取不恰当的、粗暴的方式对待学生，以致对其身心健康造成伤害的行为，如体罚、变相体罚、言语侮辱等。

体罚学生

3. 学生之间实施的暴力行为

学生施暴主要是指某些学生因过早的、不成熟的三角恋，钱物需求，性意识萌动，或者仅仅因为模仿影片中某些情节，发泄心中怨气等而对其他学生施暴的行为，例如，殴打、抢劫、侮辱、强奸、杀害等。

四、校园犯罪有什么特点

1. 以财产型犯罪为主

我国社会正处于经济高速发展时期，人们生活水平日益提高，独生子女增多，家长对子女的溺爱有增无减，给孩子的零花钱越来越多，不少学生还有手机等较为贵重的物品，这使得他们成为不法分子的侵害对象。

2. 侵害学生人身健康

犯罪分子在学校实施的犯罪除了侵犯财产，还有一个

突出的问题是对学生的人身健康造成严重伤害,轻者导致伤残,重者出现死亡。其原因也很明显,学生体力差,反抗能力弱,对一些人格和心理有障碍的犯罪分子来说,学生无疑就成为他们的侵害对象。

❸ 犯罪分子多连续作案

学生是典型的弱势群体,自我保护能力差,反抗力弱,很容易成为犯罪分子实施犯罪的对象。学生遇有犯罪分子,往往采取妥协、退让的方法,在犯罪分子的威胁之下,不敢向家长和学校报告被害情况,这样就助长了犯罪分子的嚣张气焰,犯罪分子变本加厉,不停地对被害学生实施侵害活动,甚至有定期向学生收取"保护费"的情况发生。

五、女生如何预防性骚扰

女学生遭受性骚扰的事屡见不鲜,社会学家、犯罪学家将这种现象称为"校园内性骚扰"。女学生在校园内遭受性骚扰,骚扰者主要来自男教师。例如,有的男教师经常摸女学生的头发,经常让女同学单独留下来"谈心",经常对女学生长相评头论足,借故带女学生外出,言语轻浮、行为不轨,甚至还要提出非分要求。对这类性骚扰如果不及时有效地阻止,很有可能发展为性侵害。

女学生面对性骚扰应当采取坚决有效的防范措施,这里所指的防范措施,包括防止成为性骚扰的对象和防止陷入性骚扰的环境之中。女学生应采取以下措施应对性骚扰。

警示教育报告会

1. 向对方表明态度

为了避免被骚扰者反复性骚扰,并防止事态的恶性发展,女学生在第一次面对性骚扰时,就应当向对方明确表态。表明态度的方式,可以是无声的断然拒绝,也可以有言在先,要求对方检点自己的行为。有些女学生反复遭受性骚扰,原因之一就是对性骚扰态度暧昧,不置可否,有的还将对方摸自己的头发和脸蛋,讲一些男女之间的话看成是老师、长者、领导喜欢自己,不以为戒,反以为荣,客观上强化了对方性骚扰的心理。

2. 减少与对方的接触

长期相处的环境和人员容易滋生性骚扰。因此,当女学

生发现有人不怀好意,有性骚扰行为时,应主动回避,尽量疏远,减少接触和交往,这样做既可表明自己的态度又能减少和防止麻烦。如果因为师生关系等确有必要继续来往的,也应该在公开场合进行,尽量增加交往的透明度和公开性。一般来说,在公开场所安全是有保障的,即使遇到性骚扰也可以予以抵制和反抗。

3 向组织反映情况

在较封闭的场合,单个女生是难以应付男人的性骚扰的。因此,被骚扰的女生应该及时向组织上反映,依靠组织的力量来教育、警示对方,及时制止性骚扰,保护自己。

4 转 学

许多女生认为,性骚扰的实施者行为性质难定,自己又没有直接遭受性侵害,但又担心自己在这种特定的环境和从属关系下日后还会成为性侵害的对象。为此,有条件的女生宜采取转学的方法,以断绝与对方的往来,从根本上防止性侵害。

5 向公安机关报案

如果性骚扰达到一定程度,女生孤立无援或忍无可忍时,应该主动向公安机关报案,依法制裁犯罪行为。法律是保障女性人身、财产安全的重要手段。

六、什么是校园暴力

校园暴力主要指在校园，师生之间、学生之间及其他人员与学生之间发生的会对学生生理和心理造成伤害，达到某种严重程度的侵害行为，包括肢体暴行、语言伤害、被强迫做自己不喜欢的事、被故意陷害等。从国内来看，校园暴力带有普遍性。校园暴力案件的不断发生，已经使校园安全成为严重的教育问题和社会问题。

通常来说，施暴的孩子往往无法控制自己，容易冲动，如果这种情况出现，家长和老师仅是批评和惩罚并不能发挥多大的作用，反而还会把孩子推向犯罪的深渊。此时，正确的方式是教育他们承担责任。如果可能的话，还要通过心理专家帮

暴力演习

助他们纠正错误，改正不良习惯。

遭受校园暴力的学生往往是相对弱势的个体，他们身体较为弱小，胆小怕事，在遇到问题的时候不知所措。正确的做法是，在遇到校园暴力的时候不要惊慌失措，一定要沉着冷静，用心处理，减少损失。要想保护自己就要拿起法律武器。

七、发生校园暴力事件怎么办

近些年，校园暴力愈演愈烈，不少中小学生都遭受过来自他人的欺辱、殴打。甚至有的学生也加入了施暴者的队伍，让人感到震惊的同时，也让社会、学校和家庭更加关注中小学生的身心健康。

1. 向校园暴力说"不"

频频发生的校园暴力事件打破了校园原本该有的宁静与和谐，为了净化校园环境，为了让大家安全、快乐地在这片净土里成长，我们要坚决向校园暴力说"不"！

（1）不崇拜暴力行为。

不崇拜暴力行为，不参与校园暴力，树立正确的是非观、价值观。不充当校园暴力的帮凶。

（2）塑造健康的心理。

培养自己随和的性格，注重心理的健康发展。保持积极、乐观的心态，学会与同学和睦相处，善于和他人沟通，解决各种困难和问题。

（3）加强法律意识。

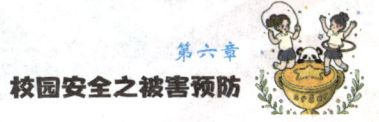

加强自身法律意识，中小学生要学法、懂法、守法，要用法律作为行为规范的准则，也要学会用法律保护自己。

 保护自己，关注他人

校园暴力的发生一般有两个原因：一是同学间由口舌、肢体碰撞引起的矛盾；二是为了达到某种目的，满足心理平衡而引起的争端、摩擦。

（1）与同学友好相处。

有的同学和别人发生矛盾时，觉得自己忍让会很没面子，致使矛盾恶化、升级。对待同学要宽容，而不应恶言恶语，拳脚相加。

与同学友好相处

（2）避免成为施暴者的施暴对象。

有些人施暴是冲着财物来的，同学们注意身上不要携带太多的钱和贵重物品，出入学校要结伴而行。

（3）遇到校园暴力要报告。

为了保障自身的人身安全，遇到校园暴力时，可以匿名向学校报告。预防校园暴力，需要每个人的参与。